ŒUVRES
DE
M. LINGUET.

TOME PREMIER.

DU PLUS HEUREUX GOUVERNEMENT,

OU

PARALLELE

DES CONSTITUTIONS POLITIQUES DE L'ASIE *AVEC CELLES DE L'EUROPE;*

Servant d'introduction à la Théorie des Loix Civiles.

> *Les monarques de l'Asie ne sont gueres d'édit, que pour exempter chaque année de tributs quelque Province de leur empire. Les manifestations de leur volonté sont des bienfaits. Mais en Europe les édits des princes affligent, même avant qu'on les ait vus, parce qu'ils y parlent toujours de leurs besoins, & jamais des nôtres.*
>
> Esprit des loix, Liv. 13, ch. 15.

TOME PREMIER.

A LONDRES.

M. DCC. LXXIV.

AVERTISSEMENT.

S'IL y a jamais eu une queſtion importante, c'eſt celle qui ſert de texte à cet ouvrage, je n'entreprends pas de la diſcuter par des raiſonnements, je ne veux la réſoudre que par des faits.

On ne ceſſe de crier que le Gouvernement Aſiatique eſt le comble de la dégradation du genre humain, & celui de la grande Bretagne, l'aſile le plus aſſuré de la liberté, du bonheur des hommes. Pour ſavoir à quoi s'en tenir, il ne faut qu'examiner ſans partialité les fruits de l'un & de l'autre.

Il faut de la hardieſſe, & peut-être de la témérité pour entreprendre cet examen; c'est, comme je ne l'ai déjà que trop éprouvé, se dévouer à un anathème certain. C'est sur tout en cette matiere que les philosophes on employé l'art funeste qui leur est si familier d'égarer le public en feignant de vouloir l'éclairer. Ils sont parvenus à lui inspirer une horreur violente pour des administrations paisibles qui sont aujourd'hui le seul refuge de la liberté, telles du moins que les institutions sociales la comportent, on ne sauroit concevoir à quel point les gens de lettres ont à cet égard prodigué les sophismes & multiplié les impostures.

A les entendre, l'Asie entiere est un grand parc rempli de brebis timides, qui n'ont pour bergers, que des lions affamés. Elles se laissent toutes dévorer l'une après l'autre, ſans réſiſtance. Elles mettent même leur gloire à devenir la pâture de ces monſtres cruels : elles lechent avec reconnoiſſance la griffe qui déchire leurs toiſons, & ſe précipitent d'elles-mêmes dans la gueule ſanguinaire qui les engloutit. Comme ſi les deſcendants des Schites, des Huns, des Tartares, c'eſt-à-dire, des plus libres des hommes avoient pu tout d'un coup, en conſervant leurs mœurs, les loix & toutes les coutumes de leurs ſauvages ancêtres, devenir des eſclaves efféminés, & paſſer, ſans changer de gouvernement, de la plus honorable indépendance à la plus flétriſſante ſervitude.

Voilà pourtant ce qui réſulte de tant de ſatires accumulées avec emphaſe, parmi nous contre le despotisme asiatique. Il semble à la chaleur avec laquelle on le combat, que de sa destruction dépendent le repos de l'humanité & sa gloire. Nos beaux esprits sont autant de Persées qui s'empressent d'aller sur les aîles de l'imagination ; attaquer le monstre qui menace Andromede. Mais ce qu'il y a de fâcheux pour l'honneur de la philosophie, c'est que l'héroïsme de ces nouveaux fils de Jupiter ne soit produit que par leur intérêt, c'est pour l'avantage des littérateurs, & non pour celui des hommes que l'on travaille dans notre Europe, à rendre si odieuse la politique orientale.

Elle n'est pas favorable, je l'avoue, à ces rois subalternes, à ces monarques en sous ordre qui jouissent ailleurs avec tant d'orgueil de leur splendeur passagere, &

que nous voions abuser de leur pouvoir avec une impunité si criante. Les grands y sont malheureux, ils ressemblent à ces cariatides qui paroissent plier sous le poids des édifices. S'ils servent à soutenir le trône, ils en sont quelquefois écrasés : l'éclat qui en réjaillit sur eux, leur coûte presque toujours cher. Il n'y arrive aucune secousse qu'ils ne la ressentent, & souvent qu'ils n'y périssent.

Dans la plus profonde tranquillité même ils ont toujours à trembler. Leur vie ne tient à rien. Un fil que le moindre souffle peut rompre, suspend sans cesse sur leur tête l'épée destinée à punir leurs moindres prévarications.

Les gens de lettres dévoués à un ordre qui fixe & nourrit l'illustration du leur, n'ont été frappés que de son avilissement sous une administration qui l'opprime. Ils ont donc proscrit le gouvernement Asiatique : ils lui ont donné le nom odieux de despotisme. Ils en ont fait l'institution la plus affreuse à laquelle les hommes se seroient jamais soumis, & parce qu'on y voit de temps en temps des esclaves titrés & rampants punis de leurs bassesses par un maître qui a quelque raison d'en abuser; parce qu'on les voit expier aux portes du serrail, par les humiliations les plus profondes; souvent par une mort infame, les insultes qu'ils se sont permis de faire au reste de la nation; on en a conclu que rien n'étoit si infortuné que cette nation qui jouit de leur supplice. Le sort trop juste de quelques scélérats distingués a fait déploier celui de cette multitude d'hommes, contents & satisfaits, qui respirent l'air le plus pur, qui vivent dans la condition la plus douce, qui ne redoutent ni les impôts, ni les caprices d'un maître éloigné, ni tous les apanages de la servitude, qui ne connoissent enfin leur prétendu malheur que par les récits ridicules des étrangers.

En Angleterre sous un climat rude & grossier où la nature cede à peine au travail le plus opiniâtre, la couronne, il est vrai, est humiliée; mais est-ce la nation qui profite de l impuissance du souverain? Enchaînée comme lui par ces orgueilleux tribuns qui feignent de la protéger, sacrifiée sans cesse aux caprices ou à l'intérêt de ces tyrans associés en apparence pour la défendre contre lui, elle n'est dans leurs mains que l'arme avec laquelle ils le frappent. Accablée d'impôts de toute espece, ne participant à la gloire de ses chefs que par la nécessité de la payer, ne connoissant de la liberté que ses convulsions & ses désordres, elle offre à un vrai philosophe le spectacle le plus affligeant, le plus cruel que la terre puisse présenter.

Comme cependant, ces chefs dans l'ennui & le dégoût qui accompagnent leurs jouissances, sont forcés de prodiguer quelques portions de leurs trésors aux flatteurs intéressés qui se dévouent à les en soulager; comme, pour aiguiser leurs appétits languissants, ils montrent quelque attachement pour les arts & les mains qui les exercent, & que ces mains tiennent à des bouches qui disposent de la renommée, on ne parle que du bonheur de l'Angleterre : on vante ses loix, ses constitutions ; on ne cesse de les donner pour modele, & de gémir sur le sort des peuples qu'une autre administration en éloigne.

Les hommes sont si sots : il y en a parmi eux si peu qui réfléchissent, que ce qui a le plus contribué à faire adopter les éloges donnés à la constitution de la Grande-Bretagne ; & les déclamations insensées contre celles de l'Orient, c'est peut-être principalement la contenance d'un Asiatique, & d'un Anglois devant son souverain. Un Turc se prosterne devant le padischah, successeur du prophete ; il l'honore comme un Dieu ; il se fait une espece de félicité de sacrifier même sa vie au moindre signe de cet heureux despote. Un Anglois au contraire, coudoie son roi, il lui jette de la boue dans son carrosse : il affecte hautement de le mépriser.

Cette excessive docilité, d'une part, & cette audace effrénée de l'autre, nous semblent être une confirmation non suspecte de nos préjugés. Il en résulte à nos yeux que le Turc est un serf avili, flétri des fers les plus honteux, au lieu que l'Anglois nous paroît être un citoyen qui soutient encore avec honneur les droits de l'humanité. La bassesse nous semble avoir établi son trône à Constantinople, & le courage le sien sur les bords de la Tamise.

Nous ne songeons pas que le chien, qui est le plus docile des animaux, est le plus courageux, au lieu que le plus lâche, le plus méprisable de tous, le singe, est aussi le plus insolent. Respecter les loix & les magistrats, est sans doute le caractere du vrai citoyen ; insulter les unes dans la personne des autres, est l'emportement d'une vile populace, qui se croit libre comme l'animal dont je viens de parler, quand elle a sauté avec sa chaîne, & qu'elle a trouvé moyen d'en blesser son maître.

Au fond, qu'importe l'appareil extérieur à la liberté ou à la servitude. Le roi de Pologne est servi à genoux, & c'est le moins puissant de tous les rois. Qu'est-ce que la liberté ? En quoi consiste t elle ? A quoi peut-on reconnoître son existence, & quels sont ses effets ?

On vous dit que c'est le bonheur de vivre sous des loix : cela est faux. En ce cas, l'eunuque du

Sérrail seroit aussi libre que le citoyen de Sparte : l'un & l'autre obéissent aux loix de leur pays : ils y vivent à cette condition : ils la connoissent ; & dès qu'ils la remplissent, ils n'ont rien à craindre.

D'autres faiseurs de définitions disent que la liberté consiste à n'obeir qu'à des loix à la sanction desquelles on a concouru ; cela est faux encore : car, un citoyen de Rome ou d'Athènes qui étoit malade ou absent quand la loi avoit été portée, qui par conséquent n'avoit pu contribuer à l'approuver, n'étoit pas plus esclave que ceux de ses compatriotes dont on avoit reçu le suffrage.

Qu'est-ce donc que la liberté ? Voici en deux mots l'abrégé des interminables dissertations, qu'on a tant multipliées ſur ce mot ſi peu entendu : on diſtingue deux ſortes de liberté ; l'une naturelle, l'autre civile ou politique. La premiere eſt une indépendance abſolue ; c'eſt celle d'un lion, d'un taureau ſauvage dans les forêts : la ſeconde réſervée pour l'homme eſt une véritable chimere ; ſi on la prend dans l'acception qu'elle ſemble préſenter. Elle ne peut exiſter qu'avec des modifications qui excluent abſolument l'idée attachée au mot par lequel on veut la déſigner.

Qui dit une liberté civile, ſuppoſe des êtres ſubornés à un gouvernement quelconque. Or, liberté & gouvernement ſont deux choſes auſſi diſparates qu'incompatibles, auſſi eſſentiellement différentes que vie & mort, maladie & ſanté, joie & douleur. Quelle eſt la nature du Gouvernement?

C'est de commander. Quelle est celle de la liberté? C'est de ne pas obéir. Il n'y a point de sophisme qui puisse embrouiller ces deux notions; delà il résulte avec évidence, que des êtres libres ne peuvent pas être gouvernés, & que tout être qui gouverne, n'a point affaire à des êtres libres.

Aussi les politiques ont imaginé une espece de liberté factice qui subsiste même au milieu du despotisme des loix. Ils en ont fait le fantôme le plus bizarre & le plus ridicule, puisqu'ils l'ont composé des parties absolument hétérogènes: le citoyen, ont-ils dit, est un homme qui obéit librement; il ne perd une partie de sa liberté que pour s'en assurer le reste; & dès le moment qu'il a rempli ce que les loix ordonnent, ou même ne le rempliſſant pas, il n'en eſt pas moins exactement indépendant.

Mais, qui ne voit que c'eſt faire conſiſter la liberté dans l'eſclavage? Un cheval ſellé, bridé, ferré, eſt donc libre auſſi lors qu'il exécute tous les mouvements qu'exige la main ou le talon du cavalier, rien ne lui gêne les jambes : il avance, il recule avec facilité; mais chacune de ſes évolutions lui eſt preſcrite; & le moment où il ſe dérobe aux yeux avec le plus de rapidité, eſt celui où il éprouve avec le plus de rudeſſe, l'impreſſion de l'éperon & de la bride.

Il en eſt préciſément de même des loix & de ceux qu'elles dirigent : ils marchent ſans paroître porter des fers; mais ce ne ſont pas leurs pieds, c'eſt leur bouche qui est enchaînée. En un mot, la liberté est la destruction de l'obéissance; celle-ci n'est composée que de sacrifices; elle ne peut donc jamais sympatiser avec l'autre qui ne subsiste que de jouissances.

Il n'y a donc point, & il ne peut y avoir dans le monde de liberté civile; ces deux mots ne peuvent se concilier. Mais si l'on entend par liberté la soumission d'un homme à un autre, & l'état dans lequel celui qui commande cautionne à celui qui obéit, la possession des fruits de son travail & de son industrie, afin de n'être pas dépouillé lui-même de son empire, je conçois qu'il peut exister des hommes libres; mais alors il y a autant de différentes libertés, que d'êtres qui en jouissent, comme il y a autant d'horisons que de différentes vues. A

Athènes, à Sparte, à Rome, la liberté civile d'un magistrat étoit plus grande sans doute que celle d'un portefaix.

La même différence a lieu dans tous les Gouvernements : il y en a où il existe une plus grande somme de liberté que dans d'autres, & où chacun en particulier, relativement à son supérieur ou son inférieur, est vraiment maintenu plus libre par la constitution générale. Il en est des hommes & des gouvernements, en ce cas, comme des nottes de musique ; en haussant & baissant la clef, vous changez toute la gamme.

Il y a donc à choisir entre les gammes politiques : il y en a de plus parfaites les unes que les autres ; & qu'elle est la plus parfaite de toutes ? C'est, comme je viens de le dire, celle où la propriété des biens est la plus assurée à chacun dans son état. Il n'y a point d'autre liberté civile, & il ne sauroit y en avoir.

Le peuple le plus libre est celui où chaque particulier est le plus respecté, où il y a plus de barrières & de plus puissantes contre l'oppression, où tout le Gouvernement tend à protéger les citoyens : le peuple le plus esclave au contraire est celui où la personne de chaque homme isolé, est le plus comptée pour rien, où l'opresseur adroit est sûr du succès, où tout est hérissé de formes qui encouragent, & assurent les usurpations, où enfin le Gouvernement est par essence ennemi des sujets, où il ne risque rien de les sacrifier, où il a des moyens certains de le faire sans danger. Or, le premier portrait convient à l'Asie, & le second à l'Angleterre. C'est ce que je ferai voir dans cet ouvrage.

Quand j'ai osé pour la premiere fois publier mes idées à cet égard ; quand je n'ai pas craint d'affirmer que la vraie liberté civile, le bonheur politique le plus solide, au moins pour le peuple, ne se trouvoit qu'en Asie, & que la sévérité effective, la jouissance assurée pour chaque particulier de soi, de son bien, de son existence physique & morale, n'existoit que sous l'empire de ces princes que nous avons flétris par des noms ignominieux : on s'est soulevé, on a crié au scandale ; on a calomnié mes écrits & mon cœur ; on m'a représenté comme l'apôtre mercenaire du despotisme. Il auroit été cependant bien facile de s'épargner tant d'injures, de calomnies ; il n'auroit fallu que lire.

Mais ce n'eſt pas ainſi qu'on ſe comporte ; on commence par juger un auteur, on le condamne parce qu'on ne l'a pas lu : enſuite, on ne le lit point parce qu'on l'a condamné. La pareſſe & la malignité trouvent également leur compte à cette procédure abrégée ; par-là, les préjugés s'établiſſent ; ils ſe fortifient avec le temps, & ce qu'il y a de cruel, c'eſt qu'ils finiſſent par ſubjuguer les juges même impartiaux, qui avoient d'abord commencé par les combattre, & qui ſe laſſent enfin d'avoir raiſon en petit nombre.

Combien y a-t-il d'hommes en France, de ceux qui s'occupent un peu de notre littérature, qui ne me prennent très-ſérieuſement pour l'apologiſte des Nerons & de Tiberes, qui ne croient de bonne-foi que tous mes ou-

vrages

vrages ſont dévoués au maintien du deſpotiſme, que j'y éleve des autels à cette idole ſanguinaire, & qu'il ne m'a manqué que du pouvoir pour y ſacrifier tous les peuples qui habitent notre Europe. Il eſt cependant certain que jamais écrivain ne la plus violemment attaquée. Quand j'ai donné une théorie des loix, ce n'étoit pas de favoriſer l'autorité arbitraire que je craignois qu'on m'accusât, & ſi la mépriſe de mes ennemis avoit été moins rapide, moins furieuſe, moins éclatante; il eſt très-probable que j'eſſuyerois préciſément aujourd'hui le reproche contraire, & avec autant d'injuſtice.

Mes ouvrages ne ſont ni les arſenaux du deſpotiſme, ni le refuge de l'indépendance républicaine : ils sont celui de la raison & de l'équité trop long-temps, trop hardiment outragée par la politique.

Je prêche l'obéissance aux peuples, & la justice aux princes : je fais voir aux uns & aux autres, qu'en pratiquant ces vertus, ils ne remplissent pas seulement le plus sacré des devoirs ; mais qu'ils cédent au plus pressant des intérêts. Je présente à chacun de ces deux ordres une punition terrible & inévitable au moment où ils les violent : ce n'est pas là sans doute être rébelle, & bien moins encore oppresseur.

Ce sont des appréciateurs bien iniques & bien cruels que ceux qui ont osé flétrir des livres fondés sur de pareilles maximes, & les dénoncer aux nations comme autant d'outrages faits à l'humanité.

Il eſt vrai que ce mot, devenu preſque ridicule aujourd'hui, ne s'y rencontre guere; mais en récompenſe, le ſentiment qu'il devroit exprimer, s'y retrouve à chaque page. C'eſt de l'amour du genre humain que je me ſens brûler dès que je tiens la plume. Cette idée eſt pour moi le trépied dont les vapeurs enivroient la Pithie.

Dès le moment où je réfléchis ſur la politique, le deſir du bonheur des hommes vient enflammer mon cœur; & ſi mes foibles productions ont quelque mérite, elles ne le doivent, ſans doute, qu'à cette paſſion courageuſe qui fait mon exiſtence. Comptant trouver des aliments pour l'entretenir & la ſatisfaire dans ce qu'on appelle des traités de droit public, dans ces volumineux amas de principes, de maximes, qui ſont ſi multipliés, je les ai dévo.

rés avec autant d'ardeur que de conſtance.

Quel a été le réſultat de mes lectures ? De reconnoître, en frémiſſant, que toutes ces prétendues leçons ſublimes, toutes ces collections dogmatiques, ne ſont que des compilations d'horreurs. Qu'y apprend-on? Que les grands ſont tout, & les peuples rien. Ce ſont des recueils de préceptes ſur l'éducation qu'il faut donner à des tigres, pour aiguiſer leurs ongles & fortifier leurs dents. Il n'y eſt queſtion que d'*empire*, de *jouiſſance*, de *liberté*, tous avantages qui ne ſe donnent qu'à la force & à la richeſſe. Jamais on n'y a parlé des moyens d'aſſurer quelque choſe à ceux qui n'ont rien; de ſouſtraire les agneaux, ou la partie des hommes que l'on dégrade par le nom de *peuple*, à la faim abſorbante des lions titrés, qui les déchirent ; de détruire la misere qui consume ces malheureuses classes de la société, flétries par leurs emplois & leur bassesse. Ces détestables flatteurs, qui se sont décorés du nom de maîtres de politique, ne sont que des maîtres de tyrannie.

Voilà ce que j'ai vu, voilà ce qui m'a fait sentir la nécessité de recourir à un systême nouveau, à un systême qui n'attachât point l'impunité aux titres, ni aux grandes places le droit d'opprimer sans crainte ; à un systême qui ne mît point l'opulence au premier rang parmi les vertus, & qui conduisît souvent, au contraire, à la traiter comme un crime, quand elle est le fruit ou la compagne du pouvoir ; à un systême qui assurât à la médiocrité un calme inaltérable, & la jouissance sacrée de sa liberté, &

ne laissât les orages à redouter qu'aux ames assez aveugles pour préférer un éclat périlleux à une obscurité paisible.

Ce système, je l'ai trouvé déjà confirmé en Asie par une expérience de plusieurs milliers d'années, & je l'avoue, j'y tiens comme un dévot persuadé au culte de son idole. Il ne m'est donc pas permis de voir, sans intérêt & sans indignation, les efforts que tant d'esprits prévenus multiplient pour le flétrir. J'en suis comptable à nos contemporains, qu'il peut éclairer sur leur triste situation, à la postérité, qu'il peut en préserver. En le publiant pour la premiere fois, j'ai contracté l'engagement de le défendre : & le courage qui me l'a fait découvrir, seroit dégradé par la lâcheté qui m'empêcheroit de le justifier.

Suis-je au terme des traverses

& des calomnies auxquelles il m'a exposé? Je n'en sais rien. En attendant que l'expérience me l'apprenne, je profite d'un instant de loisir, sur lequel je ne devois pas compter, pour épurer les ouvrages où il est développé. J'en resserre le volume, j'en retranche ce que la passion m'avoit pu dicter dans des moments où j'étois peut-être excusable d'y céder : je ne conserve que ce que la raison peut approuver, ce que la vérité démontre, & ce qui peut par conséquent être utile aux hommes de tous les siecles.

Je diviserai cet ouvrage en deux parties. La premiere sera consacrée au développement de la législation Asiatique. Dans la seconde, je traiterai de la constitution de la Grande-Bretagne.

Une derniere observation que je dois consigner ici, c'est que je n'ai aucune intention d'offenser les Anglois, ni de manquer à cette nation qui a produit des hommes du plus grand courage & du génie le plus élevé. Une législation imparfaite n'est pas toujours un obstacle au développement du mérite des particuliers qui y sont soumis. Une nation peut être très-estimable par elle-même, & très malheureuse par son Gouvernement. Voilà ce que sont, à ce qu'il me semble, les Anglois.

Ils doivent me pardonner de le dire ; je ne fais après tout qu'user ici d'un de leurs privileges : la liberté de la presse est chez eux une des franchises qu'ils estiment le plus ; ils ne doivent donc pas savoir mauvais gré à un étranger d'user en parlant d'eux d'une permission qu'ils ne pourroient refuser à un de leurs compatriotes.

DU PLUS HEUREUX

GOUVERNEMENT

OU

PARALLELE DES CONSTITUTIONS POLITIQUES DE L'ASIE, AVEC CELLES DE L'EUROPE.

PREMIERE PARTIE.

CHAPITRE PREMIER.

Des diſtinctions établies pour déſigner les différentes eſpeces de Gouvernement. Qu'elles ſont chimériques & mal imaginées. Que c'eſt là ce qui a prévenu les eſprits contre les Gouvernements Aſiatiques.

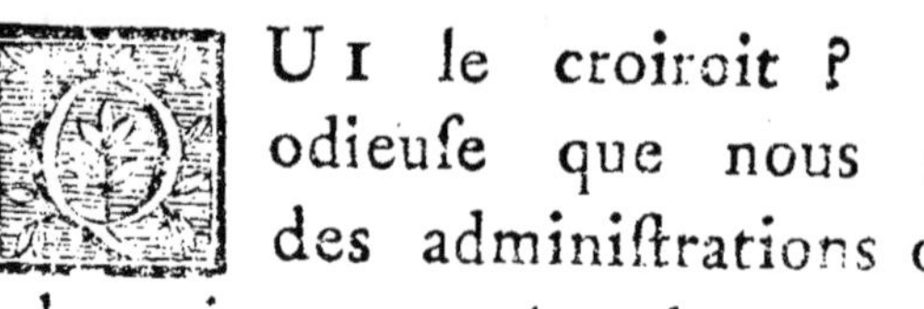

QUI le croiroit ? l'idée odieuſe que nous avons des adminiſtrations orientales, tient peut-être beaucoup à la manie abſurde des premiers raiſonneurs qui se sont avisés parmi les descendants des Barbares du Nord, de publier leurs rêveries sur la politique. Ils se sont, comme les naturalistes, piqués de classer les genres & de donner des définitions exclusives. Les uns comme les autres n'ont fait, par cette intempérance de divisions ou de réunions arbitraires, que retarder les progrès de leur science, & accabler la raison sous le poids de ces folles nomenclatures.

Ils ont distingué justement trois especes d'administrations, ni plus ni moins. La République, la Monarchie, & le Despotisme, l'une bonne, l'autre tantôt bonne tantôt mauvaise, la troisieme essentiellement mauvaise.

D'après leurs préjugés ils ne pouvoient voir en Asie des Républiques, puisqu'ils y trouvoient l'autorité exercée par un seul homme. Il ne leur étoit pas permis d'y supposer des Monarchies, puiſqu'ils n'y découvroient ni nobleſſe, ni compagnies faites pour enchaîner le trône en ſe tenant à genoux ſur ſes marches : reſtoit donc que cette partie du monde fût dévouée aux ravages du deſpotiſme, & c'eſt ainſi que l'ont cru & décidé ces judicieux diſſertateurs au fonds de leurs cabinets.

Perſonne n'a mis dans cette erreur plus de méthode, perſonne ne l'a développée avec plus d'éclat que le préſident de Monteſquieu. Il y a bien peu à apprendre avec lui, quand il traite de la nature du gouvernement qu'il a grand ſoin de diſtinguer de ſon principe. *Sa nature*, dit-il, *eſt ce qui le fait être tel, & ſon principe ce qui le fait agir* (1). Il eſt permis ſans qu'on ait à craindre de paroître trop difficile de ne pas trouver cette explication bien

(1) Eſp. des loix. L. 3, chap. 1.

claire. Celle qu'il donne des trois manieres de régir les hommes, qu'il adopte, eſt moins obſcure ; mais elle n'eſt pas plus juſte.

Je ſuppoſe, dit il, *trois définitions ou plutôt trois faits. L'un que le gouvernement Républicain eſt celui ou le Peuple en corps, ou ſeulement une partie du Peuple a la puiſſance ſouveraine ; le Monarchique, où un ſeul gouverne, mais ſelon des loix fixes & établies ; le Deſpotiſme, où un ſeul, ſans loi & ſans regle, entraine tout par ſa volonté & par ſes caprices* (1). De ces trois définitions ſur leſquelles porte toute la maſſe de l'Eſprit des loix, il n'y en a pas une qui ſoit, je ne dis pas exacte, mais même ſoutenable en une ſeule de ſes parties ; il n'y en pas une qui puiſſe ſe conſerver, quand on vient à les examiner avec le ſang froid

(1) Liv. 2, chap. 1.

de la raiſon & l'œil de la critique.

1°. La République n'eſt pas le gouvernement ou le Peuple en corps, ou ſeulement une partie du Peuple a la Puiſſance ſouveraine. Si cette définition eſt juſte dans ſa premiere partie, elle ne l'eſt pas dans ſa ſeconde. Il n'y a pas de République, quand une partie du Peuple ſeulement a la ſouveraine puiſſance. *Le Souverain*, a très-bien dit Bodin, *eſt celui qui commande & qui ne peut être commandé* (1). Une République eſt l'adminiſtration où tous les citoyens ſont ſouverains en commun. Dès l'inſtant qu'il exiſte une portion ſaiſie excluſivement du droit d'ordonner, il n'y a donc plus de République : c'eſt une véritable Monarchie. Peu importe qu'elle ſoit exercée par un Prince ou par cent : peu importe que le trône ſoit oc-

(1) *Voy.* de la République de Bodin, L. 2 chap. 2.

cupé par un Roi ou par un Sénat ; il est sûr qu'il y a un trône & des sujets : par conséquent la République est détruite.

2°. La Monarchie n'est pas le gouvernement *où un seul domine ; mais selon des loix fixes & établies*, il n'y a point de monarchie, quand celui qui gouverne est astreint à suivre des loix fixes & établies. L'essence du Monarque, c'est le droit de faire des loix (1) : s'il y a une puissance supérieure à lui qui ait ce droit, il est donc commandé par cette puissance ;

---

(1) *Si veut le Roi*
Si veut la Loi, Loisel.

Cet axiome a été depuis consacré dans toutes les occasions & dans tous les livres. Il a été le refrein des remontrances des parlements parmi nous, & de tous les corps à qui le droit d'en faire a été accordé. *Le roi & la loi ne sont qu'un*, disoit M. l'avocat général Seguier, devant sa compagnie le 3 février 1769, en parlant contre la chambre des comptes.

il n'eſt donc plus Souverain : il n'eſt que le magiſtrat qui repreſente le Souverain ; il eſt Archonte, il eſt Doge, il eſt Goufalon, mais il n'eſt point Monarque.

M. de Monteſquieu s'étant ainſi trompé en aſſignant les limites des deux premieres eſpeces d'adminiſtration, n'a pas pu être plus exact dans l'étendue illimitée qu'il ſuppoſe à la troiſieme. Il eſt évident qu'il a confondu la Monarchie avec le Deſpotiſme, & qu'il a fait un état, une maniere d'être permanente & fixe d'un abus qui, par ſa nature, ne peut être que paſſager.

Il n'y a point, & il eſt impoſſible qu'il y ait de prince, de Souverain qui regne ſans regle & ſans loi. Pourquoi les ſujets dans un pareil empire obéiſſoient-ils à un individu plutôt qu'à un autre ? à Alger même où ſe trouve celui de tous les trônes, dont la jouiſſance eſt la moins aſſurée au poſſeſſeur, le Dey aſſis ſur un ſiege ſouillé du ſang de ſes prédéceſſeurs, & qui ne peut gueres manquer de l'être du ſien, le Dey qui regne par le ſabre avec lequel on l'a conſacré, a pourtant des formes qu'il révére, & des loix qu'il ne peut pas enfreindre.

Il donne audience à quiconque la demande, & s'il oſoit la refuſer, il accéléreroit ſa cataſtrophe. Il y auroit des plaintes, preuve qu'il auroit violé une loi, ou du moins une regle.

En Turquie perſonne ne peut être jugé à mort que par le Souverain, & celui-ci ne peut faire exécuter ſa ſentence ſans un feſta du Mufti. S'il eſt aſſez hardi, & aſſez puiſſant pour ordonner un ſupplice ſans cette formalité, ce n'eſt pas un jugement qu'il rend, c'eſt un aſſaſſinat qu'il commet.

Dans toute l'Aſie l'alcoran & ſes

décifions font une chaine que les Sultans, les Sophis, les Mogols les plus impérieux n'ofent brifer. Il n'y a donc nulle part, même en Afie, de gouvernement fans regle & fans loi. Il ne peut pas y en avoir : des principes de M. de Montefquieu il réfulteroit non pas que le Defpotifme eft un gouvernement affreux, mais que c'eft une chimere.

Il y a plus : lui même, à l'inftant où il donne fa définition, l'élude ou plutôt la détruit : il dit que ce genre de gouvernement ne porte que fur des caprices, & il fe propofe d'en développer les principes. Il n'y a rien de plus contradictoire : le ranger au nombre des efpeces d'adminiftrations caractérifées, prétendre en expliquer les loix, tandis qu'on affirme qu'il eft dans fa nature de violer toutes les loix ; vouloir en fixer les regles, tandis qu'on avance qu'il cefferoit d'être, s'il reconnoiffoit aucune regle ; dire qu'il existe par sa nature ; donner des méthodes pour le distinguer, pour l'établir, pour le soutenir : c'est tout à la fois se jouer de l'esprit des lecteurs & calomnier le genre humain.

La grande erreur de M. de Montesquieu & de ses prédécesseurs encore une fois, est d'avoir voulu caractériser avec cette précision géométrique des choses qui n'en étoient pas susceptibles.

Il y a cependant, je le répéte, grande apparence que c'est là le malheur des constitutions orientales : n'ayant paru, aux observateurs qui les ont appréciées, propres à être rangées dans l'une ni dans l'autre des deux premieres classes, ils les ont releguées dans la troisieme, ce qui a suffi pour en autoriser la proscription.

CHAPITRE II.

Du despotisme. Ce que c'est. Comment il s'introduit dans un Empire.

OU il n'est pas vrai qu'il y ait plusieurs especes de gouvernements distinctes, ou il faut en admettre cent, cinq cent, mille, autant qu'il y a de nuances dans l'autorité & la sujétion. Tout ce qui s'appelle gouvernement, ne consiste qu'en deux parties, commander & obéir : or, il n'y a qu'une maniere essentielle de commander, comme d'obéir ; donc il n'y a qu'une maniere essentielle de gouverner.

Elle est, je l'avoue, sujette à bien des modifications ; mais plus ces modifications mêmes paroissent s'éloigner, & plus au fonds elles se raprochent. La Démocratie la plus libre, où tout le monde paroît Souverain; la Monarchie la plus absolue, où tout le monde paroît dépendant, sont les deux extrémités d'un cercle. Rien en apparence si éloigné, & rien en effet ne se touche de si près: rien n'est si facile à confondre.

Le gouvernement parcourt successivement avec plus ou moins de rapidité, le nombre infini de dégrés qui les séparent. L'instant où il s'écarte de la ligne circulaire tracée dans tous ses points à une distance parfaitement égale du centre essentiel, fondamental des sociétés politiques, c'est à-dire de la *propriété*, de ce principe sacré de tous les gouvernements, de ce dieu de la politique, cet instant produit le despotisme: c'est alors que le caprice seul devient sa regle, & qu'on ne peut plus apprécier ses écarts. Tant qu'il ne donne point dans cette divergence funeste, on ne sauroit, sans injustice, le flétrir de ce nom honteux qui ne désigne point un état fixe & naturel, mais une position violente, forcée, contraire à tous les principes.

Veut-on une image sensible de la maniere dont s'accélerent & se consomment les révolutions que la Politique ne peut guere maîtriser, & qui font parcourir à tous les Peuples ce grand cercle de l'obéissance exigée au même titre, sous tant de différents noms.

Un arbre s'éleve du sein de la terre : quand au printems le soleil vient donner de la vie à la féve, elle produit un bouton, qui bientôt présente un fruit tout formé ; mais il est encore environné d'une couche amere ; il blesse le goût sans plaire à la vue ; il donne tout au plus des espérances.

La chaleur & le temps les réaliſent : le fruit s'arrondit : il ſe couvre d'une peau plus douce ; ſa chair s'attendrit, ſon eau acquiert du parfum, il ſe mûrit : il offre alors une nourriture auſſi agréable que bienfaiſante.

Mais bientôt ſon enveloppe ſe flétrit : ſes ſucs s'alterent ; la corruption le décompoſe ; ce n'eſt plus qu'une maſſe informe, où l'œil, ni le palais ne diſtinguent plus rien de ce qui les a flattés. Il tombe enfin, & de ſon noyau pénétré par l'humidité, ſortira, avec le temps, un autre arbre dont les fruits auront le même ſort. Telle eſt la deſtinée des productions de la Nature, & il n'y a point d'emblême plus expreſſif de la fatalité à laquelle ſont auſſi ſoumiſes celles de la Politique.

Quelle que ſoit la tige des établiſſements humains en ce genre, ſoit qu'ils naiſſent d'un pacte ſocial, ou de l'habitude qui a ſoumis les enfants à leurs peres, ou ce qui eſt bien plus vraiſemblable d'une violence étayée par l'adreſſe d'une part & la lâcheté de l'autre, le fruit qui en ſort eſt la ſociété : ſon premier état eſt l'anarchie ariſtocratique où un petit nombre de maîtres injuſtes, opprime une multitude d'eſclaves timides ; cet état triſte & fâcheux, ne ſauroit durer longtemps ; la fermentation des eſprits, le développement de la raiſon, cauſent dans l'empire une chaleur ſecrette qui en accélere la maturité.

Celle-ci eſt un gouvernement modéré, ſoit républicain démocratique, ſoit monarchique ; ſi dans l'un l'adminiſtration n'eſt pas troublée par des citoyens trop puiſſants, ſi dans l'autre le maître n'eſt pas trop dur, ni les ſujets trop avilis. C'eſt-là le beau ſiécle d'une nation ; les arts viennent alors, pour ainſi parler, en colorer la ſurface ; ils y répandent une diverſité ſéduiſante : mais l'inſtant même où ce vernis trompeur a reçu ſa perfection, eſt celui où tout va dégénérer.

Tandis qu'il paroît jeter le plus grand éclat, les fibres en deſſous ſe relâchent : les loix ſont oubliées : les vertus ſe dégradent : les gardiens de la nation ſe vendent à ſon chef, qui prend ſur elle de quoi payer ceux qu'il a beſoin de ſéduire : l'anarchie s'inſinue imperceptiblement dans toutes les parties de l'adminiſtration ; elle les deſſeche ; tous les principes s'y confondent ; & quand enfin, la diſſolution eſt au comble, au premier coup de vent le fruit ſe détache, il vient ſe briſer ſur les racines qui l'ont fait naître.

C'eſt l'Etat qui prépare cette chûte, auquel ſeul on peut approprier le nom de deſpotiſme. Il naît invinciblement d'une République, ou d'une d'une Monarchie, à l'inſtant où par la loi générale ils faut qu'elles éprouvent une décadence involontaire; il eſt produit par la confuſion des loix, par l'oubli des vertus, par l'envie de ſe venger ou de s'agrandir, & la violence avec laquelle il éclate, ne lui permet pas une longue durée.

C'eſt le plus changeant, le moins fixe de tous les gouvernements. Ce n'eſt pas même un gouvernement. Il eſt auſſi abſurde de le compter parmi les adminiſtrations naturelles à la ſociété, que de mettre la paralyſie ou l'apoplexie au rang des principes qui diverſifient le tempérammment des hommes. C'eſt une maladie qui ſaiſit & tue les empires à la ſuite des ravages du luxe, comme la fiévre s'allume dans les corps après les excès du travail ou de la débauche. Il n'eſt pas plus poſſible à un royaume d'être ſoumis à un despotisme durable, sans se détruire, qu'à un homme d'avoir longtemps le transport sans périr.

Pendant la durée de cette fiévre politique une frénésie incurable agite tous les membres de l'Etat, & surtout la tête. Il n'y a plus de rapport, ni de concert entr'eux. Les folies les plus extravagantes sont réalisées, & les précautions les plus sages anéanties. On traite avec gaieté les affaires les plus sérieuses; & les plus légeres se discutent avec tout l'appareil du cérémonial le plus grave. On multiplie les regles, parce qu'on n'en suit aucune. On accumule les ordonnances, parce que l'ordre est détruit. La loi de la veille est effacée par celle du lendemain. Tout passe, tout s'évanouit, précisément comme ces images fantastique, qui, dans les songes, se succédent les unes aux autres sans avoir de réalité.

Une nation réduite à cet excès de délire & de misere, offre en même-temps le plus singulier & le plus douloureux de tous les spectacles. On y entend à la fois les éclats de rire de la débauche, & les hurlements du désespoir. Par-tout l'excès de la richesse y contraste avec celui de l'indigence. Les grands avilis n'y connoissent plus que des plaisirs honteux. Les petits écrasés expirent en arrosant de larmes la terre que leurs bras affoiblis ne peuvent plus remuer, & dont une avarice dévorante desseche ou consume les fruits, avant même qu'ils soient nés. Les campagnes se dépeuplent. Les villes regorgent de malheureux. Le sang des sujets continuellement aspiré par les pompes de la finance se rend par fleuves dans la capitale qu'il inonde. Il y sert de ciment pour la construction d'une infinité de palais superbes qui deviennent pour le luxe autant de citadelles d'où il insulte à loisir à l'infortune publique.

Et il ne faut pas croire qu'au milieu de cette horrible confusion le despote jouisse d'une autorité bien reconnue. Il n'est si jaloux de son pouvoir que par ce qu'on le lui conteste. Il n'est si avide de l'étendre que parce qu'on travaille à le resserrer.

Tout ce qui l'environne est plein d'établissements, de compagnies qui prétendent ne rien tenir de lui, & dont l'origine est en effet bien antérieure à la sienne. Comme ce sont les mots qui gouvernent les hommes, & non pas les choses, elles se croient encore ce qu'elles ont été, parce qu'elles non pas changé de nom. Elles revendiquent les mêmes prérogatives, parce qu'elles s'assemblent avec les mêmes cérémonies.

Le despotisme irrité porte à ces

fantômes des coups qui retombent tous ſur le peuple. Mais il s'affoiblit par les efforts mêmes qu'il haſarde pour s'affermir. Son trône étant établi ſur les débris de la puiſſance qu'il a ruinée, n'a qu'une baſe raboteuſe, pleine d'inégalités & de précipices. Il le ſent vaciller ſous lui au moindre mouvement qu'il ſe donne. Pour ſe raſſurer dans ſon effroi, il ſe roidit avec plus de force ſur le terrain qu'il occupe, en même temps qu'avec le pied il eſſaye d'écarter ou d'écraſer ces inégalités qui l'inquiétent, & qui l'empêchent de ſe placer dans un parfait équilibre. Mais comme dans ſa poſition ſes efforts ne peuvent être aſſez ſuivis, ni aſſez puiſſants pour anéantir tout ce qui lui fait obſtacle, il ſuccombe enfin lui-même : il eſt renverſé tôt ou tard avant que d'avoir exécuté ſon projet : & il abîme dans ſa chûte la nation qu'il a ſi cruellement tourmentée. Elle diſparoît en même temps que lui, comme la fiévre à laquelle il ressemble si fort, s'évanouit avec la vie du malade.

Tel est le portrait ressemblant, naturel du despotisme. Tel il fut dans Rome sous cette longue suite de brigands qui y déshonorerent si constamment le nom d'empereur. Tel il fut chez une infinité d'autres peuples, qui, avec moins de célébrité, ont éprouvé les mêmes malheurs.

Sous cette administration horrible qui est la caducité, la putréfaction d'un état, ce qui la rend à charge aux peuples; ce n'est pas la réunion du pouvoir dans les mains d'un seul homme, c'est au contraire sa dispersion dans toutes les mains, qui soutiennent & favorisent le Tyran; c'est l'oubli des loix: c'est le défaut d'une main ferme & vigoureuse, qui assujettissent également toutes les parties de l'état & les empêchent de se déplacer : le despotisme est si peu un Gouvernement en forme, qu'à l'instant où il existe, il n'y a plus de forme de gouvernement ; or ce n'est qu'après avoir passé par tous les dégrés de l'existence & de la corruption, que l'on arrive à cette époque fatale.

CHAPITRE III.

Que d'après les ſimptômes du deſpotiſme, on ne peut pas ſoupçonner les Aſiatiques d'y être ſoumis.

IL s'en ſaut bien que le gouvernement, ſous lequel vivent les Aſiatiques, ſoit du mêmegenre. Ces nations infiniment plus tranquilles que nous, ſous un climat qui juſtifieroit mieux leur vivacité, ſont auſſi plus conſtantes dans leurs uſages, plus modérées dans leurs paſſions ; elles ont trouvé moyen d'éterniſer la jeuneſſe de leurs empires ; elles ſont encore près de ce point que j'en ai appelé la maturité. La ſageſſe des loix avec le flegme des peuples, ſe tient probablement très-éloignée de l'inſtant où la corruption pourra s'y faire ſentir.

On annonce il eſt vrai qu'ils commencent à montrer du goût pour les arts. C'eſt un pas funeſte dont ils ne tarderont pas à ſentir les dangers. L'altération qui en eſt une ſuite néceſſaire s'accélérera même d'autant plus rapidement chez eux, qu'ils en auront plus long-temps ſuſpendu l'effet, & qu'il leur reſtera moins de moyens de l'écarter.

Mais après un mûr examen, je ne vois point juſqu'ici de nation ſur la terre chez qui la juſtice ſoit plus égale, les loix plus reſpectées, & le nom d'homme en général plus conſidéré dans la portion des êtres qui le portent, la plus nombreuſe eſt la moins ſujette à le deshonorer.

Premierement les mœurs y ſont encore ſéveres & le luxe inconnu. Si la volupté y a tranſpiré comme ailleurs, elle s'eſt arrêttée chez les grands qui ne font jamais la partie la plus intéreſſante d'une nation, quoiqu'elle ſoit ordinairement la plus conſidérée. Elle ſe cache dans le fond des ſérails avec les ſoupçons, la honte, la défiance, les remords. C'eſt bien inutilement qu'elle les conſigne à la porte. Ils ſe font jour à travers les bataillons d'eunuques dont elle couvre tous les paſſages. Elle y vit triſtement au milieu de ces ſerpents qui la déchirent, ou plutôt les hautes murailles dont elle penſe ſe faire un abri, deviennent ſon tombeau, de même que celui de tant de charmes qu'elle ſe ſacrifie.

Les frais énormes qui ſont néceſſaires pour acheter de ſi fâcheux plaiſirs en ont du moins préſervé le peuple. Il ne met dans les ſiens ni raffinement, ni contrainte. La ſimplicité qu'il y porte aſſure ſon bonheur, ſans y donner d'éclat. L'amour de la dépendance, de la retraite, que la vertu & l'uſage inſpirent aux femmes de la bourgeoisie comme à celles des patriarches, est la sauvegarde des mœurs. C'est un asile assuré pour l'honnêteté & par conséquent pour la liberté publique. C'est un rempart impénétrable contre le luxe, & par conséquent contre le despotisme.

Secondement il n'y a point de pays où les coutumes soient moins variables, où les loix, une fois établies, prennent une solidité plus constante. Elles s'y affermissent par le temps, au lieu d'y dépérir comme par-tout ailleurs. On ne sait ce que c'est que d'y rien innover. Elles opposent un obstacle invincible aux desirs du Monarque qui voudroit les renverser; & ces Sultans, ces Sophis à qui nous attribuons dans nos rêveries un pouvoir si arbitraire, sont soumis eux-mêmes aux loix de leur empire, qu'ils ne peuvent gouverner que par elles. Autre caractere bien incompatible assurément avec le vrai despotisme.

Troisiémement il n'y a point de pays encore où le commun des hommes, ce qu'on appelle le peuple, c'est à dire la nation, soit plus heureuse & plus ménagée. Le Prince & ses Ministres veillent uniquement à sa sécurité, dont ils sentent que la leur dépend. Les incidents qui nous paroissent d'ici des révolutions sanglantes dans le ministere, ne sont que des sacrifices qu'on lui fait. Ce que nous prenons pour un abus du pouvoir, de la part du maître, n'est que l'emploi de son autorité contre des Magistrats infideles qui en ont abusé eux-mêmes.

Mais comme nous sommes accoutumés à ne voir guere punir que des malheureux sans appui ; comme ce que nous appelons la justice n'est souvent parmi nous que l'instrument de la violence des grands ; nous sommes révoltés en apprenant des exécutions où il en a coûté la tête à des Bachas. Nous nommons rigeur tyrannique ce qui n'eſt que l'effet d'une ſage & prudente fermeté.

Quatriémement autant il y a d'obſcurité, de confuſion dans toutes les matieres du droit public, dès qu'une fois le deſpotiſme en a infecté le principe, autant celui de l'Aſie eſt clair, net & précis. C'eſt dans ſa ſimplicité même que conſiſte ſa beauté. Il manque heureuſement d'une complication funeſte qui en feroit l'incertitude. Point de cette multiplicité de pouvoirs qui rend le vrai deſpotiſme ſi dangereux ; point de cette viſſicitude de droit & d'ordonnances, qui font que ce qui eſt juſte aujourd'hui ne le ſera pas demain ; point de ces décombres d'une puiſſance antérieure qui fatiguent le trône, & le font chanceler ; point de ces prétendus gardiens du peuple, qui ne songent qu'à augmenter leurs privileges en feignant de réclamer les siens, & qui ne le défendent que quand on ne les paye pas assez cher pour l'abandonner.

Cinquiémement enfin la longue durée de la forme des gouvernements de l'Asie est seule une réponse invincible aux imputations déshonorantes dont on ose la noircir. L'ambition a désolé cette partie du monde, comme les autres. Les hommes se sont exterminés dans ces beaux climats, de même que dans les glaces de la Noverge. S'ils ont surpassé les armes à la main la férocité des ours vers le Pole, ils ont rencheri sur celle des lions & des tigres vers le Tropique. Les nations s'y sont chassées, détruites, elles se sont succédées les unes aux autres : mais les maximes politiques n'ont point changé.

Par-tout les conquérants pour s'assurer de leurs conquêtes en ont pris les mœurs. Les vainqueurs pour s'attacher les vaincus se sont soumis à leurs loix : ils en ont adopté le gouvernement. Si ce gouvernement avoit été en effet ce que nous imaginons ; si on pouvoit le confondre avec cette anarchie barbare qui ne se nourrit que de sang, avec ce monstre affreux qu'on désigne sous le nom de despotisme, n'auroit-il pas péri dans les révolutions ? Ne se seroit-il pas anéanti au milieu des secousses qui ont agité tant de fois ces vastes contrées ? Auroit-on conservé, comme un lien propre à produire l'amour, une chaîne terrible faite pour l'effroi & la désolation du genre humain ?

Quand nos ancêtres sortirent de leurs forêts sauvages pour démembrer ce colosse expirant de l'Empire Romain, en consacrerent-ils les coutumes dans les pays qu'ils usurperent ? Ils en prirent la religion : mais ils se garderent bien d'en conserver la politique. C'est que la gangrene du despotisme avoit corrompu toutes les provinces qu'ils s'approprioient, & les peuples se trouvoient bien mieux de la grossiéreté vertueuse de leurs nouveaux maîtres, que de la politesse infecte des anciens.

Si les Arabes, si les Turcs, si les Tartares n'ont pas suivi la même conduite, c'est sans doute parce qu'ils n'en avoient pas besoin. Ou ils trouvoient leurs propres usages dans les contrées envahies par eux, & alors ce n'étoit pas le despotisme, puisqu'ils subsistoient avant la victoire, ou ils les changeoient contre ceux des peuples conquis, & ce n'étoit point encore le despotisme, puisqu'ils survivoient à la conquête. Or, les principales nations de l'Asie, sont dans l'un ou l'autre de ces cas. Ou les vainqueurs sont régis par les loix des vaincus, ou les vaincus le ſont par celles des vainqueurs ; mais ils faut remarquer ſoigneuſement que ce ſont les plus anciennes qui ont prévalu de part ou d'autre, & les meilleures qui ont eu la préférence.

CHAPITRE IV.

De la rigueur des Gouvernements Asiatiques ! Combien elle eſt utile aux peuples par le frein ſalutaire qu'elle impoſe aux grands.

EN général l'adminiſtration entiere porte en Aſie ſur un principe bien ſimple & bien parfait. C'eſt la Monarchie par eſſence & dans toute ſa pureté. Le Prince en eſt le mobile unique, comme la Divinité l'eſt de l'univers. Il eſt le centre de l'Etat ; c'eſt à lui que tout ſe rapporte ; c'eſt lui qui, ſemblable au ſoleil, lance la lumiere & la vie juſqu'aux extrémités du tourbillon qui l'environne.

Il a encore peut-être avec le ſoleil une autre reſſemblance. Ce n'eſt que dans un certain éloignement que la chaleur de celui-ci eſt douce & bienfaiſante. Son activité brûle, endommage les objets qui en ſont trop proches : c'eſt ce qui arrive autour des trônes de l'Aſie : les grands ſouffrent du voiſinage où leur condition les place ; mais ce n'eſt pas plus une imperfection dans le Gouvernement que dans la nature.

D'abord, ils ſont éclairés de plus près par l'aſtre auquel ils rendent hommage ; ils faut bien compenſer par quelques incomodirés, la ſplendeur qu'ils en reçoivent.

Enſuite l'aſſujettiſſement dans lequel ils vivent, la facilité avec laquelle on les dépouille de leur puiſſance, eſt un frein qui les empêche d'en abuſer. Les particuliers obſcurs ſont aſſez loin du maître, pour que ſa grandeur ne leur devienne pas à charge ; mais ils en ſont aſſez près, pour que leur cris parviennent juſqu'à lui.

Un avis peut perdre un Visir, au milieu des gardes & des flatteurs qui l'entourent ; un soupçon peut le replonger dans l'anéantissement où il seroit trop heureux de rentrer, si l'ambition qu'il a une fois écoutée, n'en faisoit pour lui le plus insupportable de tous les supplices. Une simple plainte est capable de lui coûter la fortune & la vie.

Il peut tout, il est vrai ; mais combien doit-il trembler à faire usage de son pouvoir, quand il vient à comparer sa foiblesse avec sa grandeur ; le danger de se livrer à ses passions, avec la facilité de les satisfaire ; la punition presqu'infaillible de ses excès, avec le court plaisir qu'ils peuvent donner ? Quel doit être son effroi, quand il songe que sa tête peut tomber au moindre signe du maître qui l'a placé, & que la promptitude de l'exécution lui ôteroit jusqu'au triste plaisir de signaler sa chûte par une défense honorable.

Ce contrepoids manque aux hommes puissants dans ce que nous appelons monarchies ou républiques, excepté pourtant dans la démoncratie : cette derniere est vraiment le chef-d'œuvre de la politique perfectionnée, mais sa perfection même la rend sujette à beaucoup d'inconvénients : les troubles perpétuels & inévitables qui l'agitent, défigurent un peu l'égalité dont on y jouit. Sa plus grande prérogative est de maintenir la dignité du nom d'*homme*, & d'empêcher que celui de *Peuple* n'y devienne avilissant, parce qu'il y désigne le véritable Souverain.

Je ne connois qu'Athenes & Rome qui ayent été ainsi régies pendant quelques temps, si l'histoire mérite quelqu'espece de confiance. Il est clair que cette forme d'administration étoit la plus propre à conferver les droits du genre humain ; mais dans toutes les autres, quiconque par ſon bien, par ſa naiſſance, ou par ſa place, eſt élevé au-deſſus du peuple, eſt preſque toujours ſûr d'y faillir impunément ; ce n'eſt point le crime qu'on y juge, c'eſt le rang du criminel. Une diſgrace, un exil, ſouvent moins encore, eſt pour un homme en charge, la punition des procédés qui coûteroient la vie à un homme moins autoriſé. C'eſt vraiment là que les loix ſont des toiles d'araignées où les petites mouches ſeules ſe prennent, tandis que les groſſes les briſent.

On a même réduit en ſyſtème ces principes d'une clémence qui devient une cruauté terrible envers le reſte de la nation. Dans nos malheureux climats, au milieu de cette nuit, en tout genre qui nous environne & nous dégrade, on fait retentir aux oreilles des princes cet axiome funeſte que les *ordres rigoureux ſouilleroient leur Majeſté, que leur ſeule préſence doit porter la grace, qu'ils ſont les maîtres de pardonner les violements des loix, & que la juſtice à leur moindre ſigne doit baiſſer le glaive qu'elle avoit levé pour frapper un coupable*; politique criminelle, inſinuation meurtriere qui devient le ſignal de la licence & de l'impunité.

Ah! puiſſiez-vous maîtres des nations, triſtes & foibles jouets des intérêts de tant d'ames viles qui vous ſéduiſent, puiſſiez-vous apprendre un jour à vous défier de cette morale empoiſonnée; puiſſiez vous, mieux conſeillés, ſentir que de toutes les prérogatives attachées à votre ſuprémacie, celle de faire grace à des coupables, eſt la plus dangereuſe, la plus injuſte; celle dont vous devez le plus trembler à faire uſage! La clémence à l'égard des crimes eſt une vertu de particulier:

c'eſt le plus grand de tous les vices dans un Roi. Il eſt fait pour punir ou pour récompenſer, jamais pour employer cette foibleſſe déguiſée qu'on a décorée du nom de clémence.

Tous les livres de politique répétent les uns après les autres cette maxime, qu'il eſt réſervé aux Rois de *faire grace* Tous les livres de politique ſe trompent, s'il y a quelque choſe qui doive leur être interdit, c'eſt ſur-tout cette funeſte liberté. 1°. Parce qu'il eſt de l'intérêt public qu'aucun criminel ne ſoit enhardi par l'eſpérance de l'impunité. 2°. Comme les Rois ſont hommes & par conſéquent foibles, qu'ils ne connoiſſent & n'eſtiment guere de tous leurs peuples que les flatteurs qui les approchent ; il y a toujours à parier que la grace tombera ſur le coupable qui en ſera le plus indigne, à coup ſûr elle ira trouver le criminel le mieux

mieux recommandé. Et eſt-ce le malheureux ſans fortune, ſans connoiſſances & ſans intigues que l'on recommandera. Et méme quand il y aura à balancer entre le crime appuyé & l'innocence iſolée, n'eſt-ce pas le premier qui jouira du bienfait du Prince, & la ſeconde qui ſera punie?

Il n'en eſt pas ainſi dans l'Aſie, la tête du grand coupable n'y eſt pas plus menagée que celle du particulier Toutes deux tombent dans le néantdevant la loi vivante qui les condamne, & les rangs diſparoiſſent entre ceux que le crime fait égaux.

C'eſt ſi bien au public que ces ſacrifices ſont offerts; c'eſt ſi bien la nation que le Prince veut venger & tranquilliſer par ces exécutions ſanglantes qu'à chaque têce qui tombe dans le ſerrail, on tire un coup de canon. Ce bruit effrayant apprend à l'empire qu'il y a un prévaricateur découvert & puni. Parmi nous il n'eſt que le précurſeur des fêtes des grands ou l'inſtrument de leurs querelles. Il prélude à leurs réjouiſſances comme à leurs combats, peut-être parceque les uns ſont auſſi préjudiciables aux petits que les autres. Il raſſure & conſole à Conſtantinople le citoyen obſcur. Il n'y a point de Bacha qui ne tremble en entendant gronder le tonnerre du ſerrail, & point de particulier qui n'éleve ſon cœur vers ce lieu terrible, où l'image de la divinité qui l'habite ſe montre toujours prête à confondre le crime puiſſant, & à protéger l'innocence opprimée.

CHAPITRE V.

Passages de différents auteurs, qui confirment tout ce qui vient d'être dit ci-dessus.

LE judicieux Chardin après vingt ans de séjour en Asie, après une étude réfléchie des mœurs & des loix de ces contrées, a bien senti que cette frayeur inspirée aux grands par le chef de l'administration étoit la sauve-garde des petits. Voici comme il s'exprime dans le monument le plus précieux qui existe entre tous les recueils de voyage : c'est-à-dire dans le sien.

„ Ce qui est principalement cause „ (1) qu'on a traité le gouverne-

(1) Voyage de Chardin, tome VI description du Gouvernement politique, chap 2.

„ ment Persan de gouvernement „ tyrannique, est la coutume qu'on „ y a de passer par dessus les formes „ de justice dans les procédures con- „ tre les gouverneurs & les inten- „ dants des provinces & autre offi- „ ciers de l'état. Mais le gouverne- „ ment prétend qu'il ne s'en dis- „ pense que dans certain cas, où „ il y auroit du danger pour l'état, „ d'agir avec les formalités & les „ procédures régulieres, comme „ lorsqu'on envoie exécuter sur le „ lieu un gouverneur de province „ aux frontieres du Royaume.

„ Ces gouverneurs se trouvant à „ la tête d'un corps d'armée à trois „ ou quatre cent lieues de la cour, „ il feroit dangereux de les accu- „ ser & de les citer dans les formes, „ parce que ce seroit leur donner „ le temps de se révolter ou de s'en- „ fuir : la politique du palais sou- „ tient que la vaste étendue de

„ l'empire demande de promptes „ exécutions, & dont on n'ait pas le „ temps de donner de secrets avis, „ parce qu'autrement il seroit com- „ me impossible de punir les mé- „ chants ministres & de prévenir les „ soulevements.

„ Quand on n'est pas sûr du cri- „ me dont on accuse un gouver- „ neur ou un intendant, on en- „ voie d'ordinaire le prendre pri- „ sonnier, & on lui fait son procès „ à la cour; mais quand on croit „ en être sûr, on les condamne sur „ l'accusation, & on l'envoie exé- „ cuter sur le lieu où il est.

„ *Hors des cas extraordinaires, „ le gouvernement Persan se regle par „ les loix du droit civil*, & observe „ ses coutumes auxquelles les sujets „ prétendent qu'il se tient constam- „ ment attaché, exceptez-en néan- „ moins, comme je l'ai dit & redit, „ ce qui arrive par les emporte-

„ ments du Souverain contre les gens „ de sa cour, avec lesquels il ne croit „ pas être obligé d'agir par les voies „ ordinaires, les regardant moins „ comme ses sujets, que comme ses „ esclaves achetés.

„ C'est autant en Perse qu'en aucun „ autre pays du monde que la con- „ dition des grands est la plus ex- „ posée, & celle dont le sort est „ le plus incertain & souvent le plus „ funeste; comme au contraire *la* „ *condition du peuple y est beaucoup* „ *plus assurée, & plus douce qu'en* „ *divers états chretiens.*

Ce que Chardin dit là de la Perse, est bien plus vrai encore de la Turquie où le pouvoir, de son aveu, même chapitre, est moins arbitraire, & la vie des hommes plus respectée.

Ce que la pratique & l'expérience journaliere avoient enseigné à Chardin; un écrivain qui n'est assurément pas le promoteur de la Tyrannie, l'avoit découvert il y a déjà long-temps par le seul usage de la raison. Bodin, magistrat célebre par ses talents & par sa science, fait bien plus de cas d'un gouvernement sévere & même rigoureux, que d'une mollesse par laquelle tout tombe dans le désordre, quand malheureusement c'est le caractere du chef d'une nation.

Ceux-là s'abusent bien fort, dit-il chap. 4 du liv. 2 de sa république, qui vont louant & adorant la bonté d'un Prince doux, gracieux courtois & simple, car telle simplicité sans prudence est très-dangereuse & pernicieuse en un Roi, & beaucoup plus à craindre que la cruauté d'un Prince sévere, chagrin, revêche, avare & inaccessible; & semble que nos peres anciens, n'ont pas dit ce proverbe sans cause, *de méchant homme bon Roi*, qui peut sembler étrange aux oreilles délicates, & qui n'ont pas accoutumé de peser à la balance les raisons de part & d'autre.

,, Par la souffrance & niaise simplicité d'un Prince trop bon, il advient que les flatteurs, courratiers, & les plus méchants emportent les offices, les charges, les bénéfices, les dons, épuisans les finances d'un état & par ce moyen le pauvre peuple est rongé jusqu'aux os, & cruellement asservi aux plus grands, de sorte que pour un tyran, il y en a dix-mille. Aussi advient-il de cette bonté par trop grande, une impunité des méchants, des meurtriers, des concussionnaires: car le Roi si bon & si libéral, n'oseroit refuser une grace. Bref, sous un tel Prince, le bien public est tourné en particulier, & toutes les charges tombent sur le pauvre peuple; comme on voit les catharres & fluxions en un corps fluet & maladif, tomber toujours sur les parties plus foibles ,,.

„ On peut vérifier ce que j'ai dit par trop d'exemples, tant des Grecs & des Latins : mais je ne chercherai point autre part qu'en ce royaume, qui a été le plus misérable qui fut onques sous le regne de Charles, surnommé le simple, & d'un Charles fainéant. On l'a vu aussi grand, riche & florissant en armes & en Loix, sur la fin du Roi François I. Lorsqu'il devint chagrin & inaccessible, & que personne n'osoit approcher de lui pour rien lui demander, alors les états, offices & bénéfices, n'étoient donnés qu'au mérite des gens d'honneur, & les dons tellement retranchés, qu'il se trouva en l'épargne, quand il mourut, un million d'or & sept cent mille écus, & le quartier de mars à recevoir, sans qu'il fut rien dû, si non bien peu de chose, aux Seigneurs des ligues, & à la banque de Lyon, qu'on ne vouloit pas payer pour les retenir en devoir : la paix assurée avec tous les Princes de la terre ; les frontieres étendues jusqu'aux portes de Milan : le royaume plein de grands capitaines & de plus savants hommes du monde „.

„ On a vu depuis, en douze ans que régna le Roi Henri II. (la bonté duquel étoit si grande, qu'il n'en fut onques de pareille en Prince de son âge) l'état presque tout changé. Car, comme il étoit doux, gracieux & débonnaire, aussi ne pouvoit il rien refuser à personne ; ainsi les finances du pere en peu de mois étant épuisées, on mit plus que jamais les états en vente, & les bénéfices donnés sans respect, les magistrats aux plus offrans, & par conséquent aux plus indignes. Les impôts plus grands qu'ils ne furent onques auparavant ; & néanmoins quand il mourut, l'état des finances de France se trouva chargé de quarante & deux millions, après avoir perdu le Piedmont, la Savoie, l'île de Corse, & les frontieres des pays-bas, combien que ces pertes-là étoient petites, eu égard à la réputation & à l'honneur „.

„ Si la douceur de ce grand Roi eut été accompagnée de sévérité, sa bonté mêlée avec la rigueur, sa facilité avec l'austérité, on n'eût pas si aisément tiré de lui tout ce qu'on vouloit „.

„ On me dira qu'il est difficile de trouver ce moyen entre les hommes, & moins encore entre les Princes qui sont le plus souvent pressés de passions violentes, tenant l'une ou l'autre extrémité : il est bien vrai que le moyen de vertu environné de plusieurs vices, comme la ligne droite entre un million de courbes, est difficile de trouver. Si est-ce néanmoins qu'il est plus expédient au peuple & à la conservation d'un état, d'avoir un Prince rigoureux & févere, que par trop doux & facile. La bonté de l'Empereur Pertinax, & la jeunesse enragée d'Héliogabale, avoient réduit l'Empire Romain à un doigt près de sa chûte, quand les Empereurs Sévère l'Afriquain & Alexandre Sévère le rétablirent par une sévérité roide & impériale austérité, en sa premiere splendeur & majesté, avec un merveilleux contentement des peuples & des Princes.

Ce passage n'a pas besoin de commentaire : il dit mieux que moi, & en moins de mots ce qu'on m'a accusé d'avoir imaginé par amour pour le paradoxe. Il démontre ce que j'ai osé avancer, qu'un Prince ferme, dur, cruel même, comme le sont par essence les Souverains Asiatiques, est préférable au Dominateur mou, pusillanime, qui n'existe que dans sa cour, & pour ses courtisans; le nom de l'un eſt un ſignal d'effroi pour les oppreſſeurs du peuple ; celui de l'autre eſt un encouragement pour eux & la caution de leur impunité.

Qui croiroit que le fonds de tout ce qui précede ſe retrouve clairement dans l'Eſprit des loix. M. de Monteſquieu y reconnoît avec préciſion ces vérités inconteſtables ; en annonçant la ſatire la plus cruelle du deſpotiſme ſuppoſé, il en fait le plus bel éloge. On a déjà lu le paſſage qui ſert d'épigraphe à cet ouvrage, & qui ſeul décide la queſtion. Ailleurs il s'exprime avec autant de force & d'inconſéquence. *Il faut*, dit-il, liv. 3. chap. 9, *que le peuple y ſoit jugé par les loix, & les grands par la fantaiſie du Prince, que la tête du dernier ſujet y ſoit en ſûreté, & celle des Bachas toujours expoſée.* Après une aveu auſſi formel, on ne s'attend pas à la concluſion :

il ajoute, *on ne sauroit parler sans frémir d'un gouvernement aussi monstrueux.*

La premiere fois que je lus ce passage, je crus m'être trompé, je pris du temps pour le relire, & pour le comprendre; mais quand je fus bien assuré du sens qu'il contenoit, je rejetai le livre avec indignation.

Quoi! m'écriai-je, vous, philosophe, vous, protecteur de l'humanité, vous en abandonnez si indignement les droits! Vous, dont un panégyriste a dit que votre ouvrage tendoit au bonheur des hommes, vous les sacrifiez au plaisir de flatter ceux qui les tyrannisent? Vous appelez une administration *monstrueuse*, précisément parce que moi particulier, j'y vivrois en sûreté sous la protection sacrée des loix! Ce qui vous révolte, c'est qu'elle enchaîne par la crainte des mains avides qui, ſans cet épouvantail ſalutaire, ne feroient pas plus de cas de mon exiſtence, que vous ne paroiſſez en faire vous-même. Comptant pour rien mon bonheur, ma tranquillité, vous me livrez, ainſi que le reſte du genre humain, au caprice de quelques grands, plutôt que d'abandonner ces grands au caprice d'un ſeul homme, qui ſe rend mon protecteur contre eux.

Eh qu'importe à la nation le repos de ces Bachas, pour qui vous montrez tant d'eſtime? ne ſont-ils pas dédommagés de ces périls qu'ils aiment par les honneurs & les richeſſes qu'elle leur prodigue? Si l'incertitude où ils vivent leur devient à charge; s'ils s'ennuyent de dépendre des caprices d'un maître, qu'ils le quittent, qu'ils viennent ſe confondre parmi ce vulgaire qui diſparoît à vos yeux, & que vous êtes fâché de voir à couvert de leurs attentats ; qu'ils aillent y chercher dans l'obſcurité la ſatisfaction, l'indépendance & le bonheur.

S'ils tiennent à leurs dignités, s'ils ne peuvent ſe réſoudre à ſortir de leurs places, n'eſt-il pas juſte qu'ils en payent le prix ? Ils trouvent dans les agréments qu'elles leur procurent un dédommagement ſuffiſant des périls qu'ils y courent. Quand même d'ailleurs ce dédommagement ne ſeroit que chymérique, ils n'en pourroient point exiger d'autre, puiſque tel qu'il eſt, ils s'opiniâtrent à s'en contenter, & qu'ils ſont toujours les maîtres de n'en avoir pas beſoin.

Mais ce peuple que vous avez l'imprudence de mépriſer, quoique vous en faſſiez partie, l'état actuel de la ſociété le place ſur le bord d'un abyme qui l'empêche de reculer : il ne ſauroit changer ſa poſition ; il faut néceſſairement qu'il ſoit ſoumis & gouverné. Quelle ſera ſa reſſource, ſi vous appelez monſtrueuſes, des loix qui, de votre aveu, le défendent avec une impartialité ſévere ? A qui demandera-t-il du ſecours, ſi vous briſez le ſeul frein qui puiſſe arrêter ſes oppreſſeurs ?

Dans ce que vous appelez monarchie ou ariſtocratie, il faut de néceſſité abſolue que la tête des grands ſoit en ſureté & que la multitude immenſe, compriſe ſous le nom de peuple, ſoit le jouet de leurs caprices. Dans ce qui vous paroît un deſpotiſme affreux, c'eſt tout le contraire ; vous le reconnoiſſez vous-même ; la ſécurité de ceux-ci, eſt fondée ſur l'effroi qu'éprouvent ceux-là.

Ah, ſans doute, quelque choſe ici doit faire frémir ! Mais c'eſt que vous oſiez vous en plaindre ; c'eſt que diviſant le genre humain en deux parties, l'une infiniment petite, l'autre infiniment grande, & vous trouvant dans l'alternative de condamner une des deux à l'infortune ; vous y plongiez sans remords la plus nombreuse, pour en arracher l'autre qui la mérite sans contredit davantage, puisqu'elle peut plus aisément s'en consoler.

De quelle balance avez-vous donc fait usage, le jour où vous avez rendu ce terrible arrêt ? Quelle reconnoissance doit ce malheureux troupeau à la philosophie qui, comme les bergers infidelles, le livre elle-même aux ennemis dont elle devroit le défendre ? A quoi songiez-vous, lorsque pesant cent millions d'être pareils à vous, contre une vingtaine de Bachas, vous n'avez pas craint de vous décider pour les derniers, & de donner des noms infamants à une administration qui assure la félicité des autres ?

CHAPITRE VI.

De la propriété des biens, s'il est vrai qu'elle n'ait pas lieu en Asie. Texte de l'Alcoran & passage de Chardin qui démontrent le contraire.

UN des plus inconcevables préjugés où nous croupissons à l'égard des orientaux, est celui qui nous persuade qu'il n'y a point dans ces heureux climats de propriété reconnue ; que tous les biens sans exception appartiennent au Prince ; que les citoyens sont de simples usufruitiers que l'on dépouille légitimement avec un *Kata-cherif* ; que pas un d'eux n'a la certitude de coucher le soir dans le lit qu'il a quitté le matin, ou de recueillir la moisson qu'il a confiée au champ de ses ancêtres ;

que les femmes n'ont point de dot ; que le fils n'hérite point du pere ; que le Prince seul engloutit toutes les successions & concentre exclusivement en lui toutes les propriétés, & mille autres extravagances qui nous paroissent ici d'une vérité incontestable.

J'ai vu des gens de beaucoup d'esprit, à qui j'exposois mes raisons apologétiques de ces gouvernements décriés ; leur derniere ressource étoit de me dire, mais on n'y possede rien : le Prince est un tyran qui jouit seul des terres & des biens, & cette idée effaçoit à leurs yeux la force de tous les raisonnements par lesquels je les accablois d'ailleurs.

Cette opinion est pourtant si absurde, si folle, si inconséquente, si destructive de tout état social, que pour la refuter, il suffiroit de dire : ces peuples là ont une forme d'administration ; donc ils sont propriétaires : les aliments ne font pas plus effentiels pour la vie animale, l'air ne l'eft pas plus pour la refpiration, que la propriété à toute réunion conftante & durable d'un certain nombre d'hommes qui compofent ce que nous appelons une fociété. On peut ici juger de la caufe par l'effet : de cela feul que les Turcs, les Perfans, les Mogols ont des Villes, des Bachas, des Kams, des Omras, il s'enfuit évidemment qu'ils ont des poffeffions affurées, qu'ils en jouiffent fans crainte ; qu'ils exercent un domaine certain, incontestable fur leurs terres, fur leur argent, fur leurs enfants, fur leurs femmes & fur tout ce qui leur appartient : cela eft fans difficulté.

Mais il faut dire quelque chofe de plus, du moins en faveur des gens opiniâtres par foibleffe & crédules par ignorance : non feulement la fituation des Orientaux exige qu'ils aient des propriétés, au moins aussi respectables que les nôtres, mais leur loi, leur droit divin, leur Alcoran consacre cette jouissance, cette liberté de l'aliéner ou de la transmettre, cette possession attribuée à chaque citoyen, dont la puissance civile & la religion même ne sont que la sauve-garde. Voici ce qu'on lit au chap. 8 de ce Code célebre.

Les garçons, les filles & autres prendront une part fixe, petite ou grande, de ce que leur PERE ou leurs autres PARENTS LEUR AURONT LAISSÉ, & à l'heure du PARTAGE, les proches, les orphelins, les pauvres & les misérables en recevront une petite portion avec un discours doux & honnête .... Dieu ordonne qu'un garçon AIT A LUI SEUL LA PART DE DEUX FILLES. S'il y a plus de deux filles, le garçon prendra A LUI SEUL LES DEUX TIERS. S'il n'y en a qu'une, il n'aura que MOITIÉ. Si le fils vient à mourir, les parents auront un SIXIEME dans la SUCCES-

SION ; si ce sont les parents qui soient HÉRITIERS, la mere PRENDRA UN TIERS, à moins qu'elle n'ait des freres, car dans ce cas, la mere ne prendra qu'un sixieme après la LIQUIDATION DES DETTES, & la distribution des aumônes ..... Si votre femme en mourant ne vous laisse point d'enfants, vous garderez LA MOITIÉ DE SA DOT ; si elle a des enfants, il ne vous appartiendra que le quart. Si le mari meurt sans enfants, la femme aura le quart de ses EFFETS MOBILIERS, & le huitieme s'il y a des enfants, après toutes fois la liquidation des dettes & distribution des aumônes.

L'Alcoran, comme ont fait, est le droit civil & canon des Orientaux ; en voilà le texte littéral. On trouve ici en huit lignes les réglements les plus clairs, les plus précis sur tous les articles sujets à contestation dans les héritages, articles noyés chez nous dans cette effroyable quantité de textes volumineux, qui n'empêchent pas que de nouvelles difficultés ne s'élevent tous les jours ; malgré nos innombrables decisions, nous trouvons sans cesse des points qui ne sont point décidés, & l'Alcoran en six prétextes a supprimé jusqu'à l'ombre même des disputes.

On avance hardiment qu'en Asie les femmes n'ont point de gains nuptiaux : M. de M. affirme qu'ils ne doivent point aller au-delà de la subsistance. Vous venez de voir ce point éclairci par l'Alcoran qui assure aux femmes, un tiers, un quart, ou une moitié, tantôt dans le mobilier, tantôt dans les immeubles, suivant les différentes circonstances prévues & réglées par la loi.

Lisez encore Chardin : vous y verrez au tom. 2 pag. 265 les formalités des mariages. Vous y trouverez que les Douaires se stipulent & que la loi a même pris des précautions

cautions, pour que l'acte ne pût être soustrait.

„ On se marie, dit-il, en Perse „ d'ordinaire par procureur, à cause „ que les femmes ne se font point „ voir aux hommes. La cérémonie „ du mariage se fait de cette ma- „ niere. Les parents des parties s'as- „ semblent au logis de la fille. Son „ pere accompagné de ses plus pro- „ ches va recevoir le futur époux, „ l'embrasse, le conduit au lieu où „ est la compagnie, & puis il se „ retire. Il ne doit point assister „ au contrat, cela n'est pas légal „ à cause qu'il faut laisser le futur „ époux en pleine liberté.

„ Le contrat se fait en un lieu „ particulier, où il n'y a que lui, les „ procureurs & le prêtre (1); car

(1) C'est-à-dire l'Iman, l'homme de loi, qui n'est point du tout un prêtre. Chardin le savoit bien, & il ne se sert ici d'un terme impropre que, parce que parlant d'une

„ c'eſt d'ordinaire un homme d'é-
„ gliſe qu'on fait venir pour dreſſer
„ le contrat. Ces procureurs ſont à
„ peu près comme en Angleterre,
„ les truſtées des mariages qui en
„ gardent les contrats, & en font
„ exécuter les clauſes.

„ Quand les parties ſont de la
„ premiere qualité, c'eſt le Cedre
„ qui eſt le grand pontiſe, ou le
„ Cheikeliſlana, qui eſt le grand
„ juge civil qu'on invite pour cela.
„ Si ce ſont des perſonnes de mé-
„ diocre condition, ils tâchent
„ d'avoir le Kazy qui eſt le lieute-
„ nant civil, & ſi ce ſont de pe-
„ tites gens, ils prennent un Molca
„ ou prêtre de la loi.

„ L'accordée accompagnée de plu-
„ ſieurs femmes ſe rend dans une

---

cérémonie analogue à celles qui ſe paſſent chez nous, il a cru devoir employer les termes qui s'y appliquent dans notre langue,

„ chambre ou un cabinet joignant, „ où la porte est à demi ouverte, „ mais la portiere en demeure abat- „ tue ensorte qu'on ne voit per- „ sonne. Alors les procureurs des „ parties se levent, & celui de l'ac- „ cordée se rangeant contre la porte „ du cabinet, & y étendant la main, „ dit tout haut; *moi N. procureur* „ *autorisé de vous N., je vous marie* „ *à N. ici présent. Vous serez sa* „ *femme perpétuelle à tant de douaire* „ *prefix duquel vous êtes convenus.*

„ *L'autre procureur répond ainsi.* „ *Moi N. procureur autorisé de N., je* „ *prends en son nom à femme perpé-* „ *tuelle, N. qui lui a été baillée* „ *pour telle par N. son procureur ici* „ *présent, à condition de tant de* „ *douaire préfix, duquel on est con-* „ *venu.* Ensuite le Ministre ou qui- „ conque est là pour dresser le con- „ trat se leve & approchant la tête „ de la portiere du cabinet, dit à

„ l'accordée : *Ratifiez-vous la pro-*
„ *messe que N. votre procureur vient*
„ *de faire en votre nom.* Elle répond :
„ *oui* „.

„ Après il demande la même
„ chose à l'accordé & dresse le con-
„ trat, y met le sceau, & le fait
„ mettre à l'assemblée comme té-
„ moins, & ensuite donne le con-
„ trat au procureur de l'accordée.
„ *Le contrat se garde par la femme*
„ *pour sûreté de son douaire :* plus
„ de sçeaux il y a, & mieux c'est ;
„ mais il faut qu'il y en ait au moins
„ dix „.

Comment ose-t-on d'après de pareilles autorités, contester l'existence d'une propriété si authentiquement consacrée, appuyée sur des loix si précises, & sur des décisions si respectables ? Comment un préjugé aussi imbecille que le nôtre a-t-il pu s'établir ? Comment ces missionnaires, ces marchands qui rampent si bas, ſement dans toute l'Aſie, les uns pour y baptiſer quelques enfants, les autres pour y vendre quelques aunes de drap, ou pour y acheter quelques balles de ſoie, ont-ils pu ſe méprendre à ce point ſur les coutumes d'un peuple, au milieu duquel ils vivent, & venir ainſi faire illuſion à toute l'Europe ?

CHAPITRE VII.

Que les propriétés sont bien plus assurées en Asie qu'en Europe. Exemple singulier du scrupule des Asiatiques à cet égard.

NOn seulement le droit de propriété en Asie est nécessaire par essence comme ailleurs ; non-seulement il est fondé sur la législation dans la théorie, mais il est respecté dans la pratique jusqu'au scrupule, par ces Souverains contre qui tant de Mirmidons politiques osent ici glapir avec tant de fureur & d'indécence ; on nous les représente comme des ravisseurs impitoyables qui dévorent la substance des sujets, comme des despotes inflexibles, qui se plaisent à tyranniser des esclaves, comme des monstres d'inhumanité, dont les plaiſirs conſiſtent dans la violence, & qui ſe font d'une rapine meurtriere une jouiſſance délicieuſe.

Eh ! malheureux déclamateurs, voyez donc qui vous êtes ; taupes envers vous-mêmes, & linx envers autrui, examinez vos propres loix avant que de calomnier une légiſlation étrangere : aboliſſez au moins les barbaries que vous conſacrez, avant que d'oſer outrager, par des impoſtures les plus doux des hommes, les plus humains des Rois, les plus équitables des Princes.

Vos coutumes ne ſont-elles pas deshonorées par ces articles *d'amendes*, qui rendent précieuſes au Seigneur, & lucratives pour ſon épargne, les fautes de ſes ſujets ? Par ceux des *épaves*, des droits de *bris & naufrages*, de *retraits féodaux*, monuments honteux de la tyrannie & de l'oppreſſion des ſiecles ſauvages où vous étiez fort au-dessous de ces loups, de ces sangliers que vous chassiez avec tant d'appareil autour de ces repaires que vous appeliez *Châteaux*.

Votre justice distributive, n'est-elle pas infectée de mille usages plus dangereux, plus meurtriers les uns que les autres, tels que ces dégrés de jurisdiction multipliés, qui se succedent en plusieurs provinces, jusqu'à quatre & cinq fois au civil, tandis que souvent il n'y en a qu'un au criminel ; comme si la vie d'un homme devoit être plus légérement sacrifiée que son bien ; comme si l'on pouvoit se permettre d'apporter moins de soins pour le pendre, que pour lui ôter un arpent de pré.

Votre droit public & national fourmille d'ordonnances monstrueuses, qui tendent à briser, non seulement les rapports & les liens de peuple à peuple, mais même du sujet au Souverain ; telles sont celles des *droits d'Aubaine*, & celles qui donnent au domaine des priviléges que le Sultan le plus absolu n'auroit jamais osé imaginer. De ce genre est le principe adopté par les tribunaux, de ne jamais faire payer aux fermiers domaniaux, les dépens, même des contestations mal fondées qu'ils suscitent, & cet autre plus authentiquement consacré encore, puisqu'il est érigé en axiome formel de jurisprudence, & inséré à ce titre dans les énormes compilations qui vous servent de loix; en vertu duquel *tout bien que le receveur du domaine aura compris pendant dix ans dans ses comptes est déclaré acquis au Fisc* (1), encouragement effroyable donné à la fraude, signal horrible d'injustice & déprédation, qui met le vol au rang des titres, & le larcin au nombre des moyens d'acquérir.

(1) Ordonnance de 1566.

On les réclame à chaque inſtant dans vos audiences, dans vos écritures, dans vos livres, ces principes affreux. Les Houbereaux qui déſolent vos campagnes ; ces fainéants titrés qui ſe font un honneur de leur oiſiveté, & qui couvrent le beau droit de ne rien faire par la qualité de gentilshommes, ſe prévalent à tout moment de ces étranges préceptes, ou l'on s'en ſert contre eux pour les écraſer.

Rapprochez-en donc ceux de la Légiſlation Turque. Voyez un Bajazet II, ſi ridiculement décrié par nos gazetiers littéraires, conſtruire un édifice exprès pour ſervir de dépôt à la valeur des biens de ceux qui mouroient ſans enfants, afin de donner le temps aux héritiers de ſe repréſenter pour les revendiquer. Il établit que ce ne ſeroit qu'au bout de ſept ans, que le tréſor royal pourroit s'en mettre en poſſeſſion

(1). Quelle différence entre cette loi juste, sage, douce autant que raisonnable, & celle des épaves qui confere le droit de voler sur les grands chemins, ce qu'un voyageur négligent y aura laissé tomber par mégarde, & qu'il n'aura pas réclamé dans le court espace d'un an!

Tavernier, témoin oculaire, raconte l'histoire de la succession d'un François mort à Madraspatan, sous la jurisdiction du Mogol; ses effets revinrent avec la plus scrupuleuse fidélité à Paris, à l'héritier qui n'apprit la mort de son parent, qu'en entrant en jouissance de son bien (1).

„ Ce n'est pas le seul exemple, „ ajoute ce voyageur, que je pourrois „ citer du bel ordre établi dans „ l'Orient pour la conservation des „ biens d'un étranger, de quelque

(1) Etat de l'Empire Ottoman, par la Croix.

(1) Tavernier, T. I.

„ pays qu'il soit, qui vient à mou-
„ rir, ou en Perse, ou en Turquie,
„ ou aux Indes ; car, si ces biens
„ tombent dans les mains des Ma-
„ hométans, ils les enferment sous
„ la clef ; & quand il y auroit des
„ marchandises qui pourroient se gâ-
„ ter, ils n'y toucheront jamais que
„ les héritiers du défunt, & recon-
„ nus pour tels par des preuves bien
„ authentiques, ne se soient pré-
„ sentés. Je doute fort qu'en plu-
„ sieurs endroits de notre Europe,
„ continue-t-il, on apportât en de
„ semblables occasions, tant de sin-
„ cérité & d'exactitude „.

„ Je ne dois pas oublier, dit l'é-
„ quitable Chardin, qu'il y a en
„ Perse une Cour fiscale qui a des
„ commissaires en tous lieux pour
„ assurer le bien des gens qui meu-
„ rent sans tester & sans héritiers.
„ On appelle cette Cour Beithel-
„ mal, la maison du bien irréclamé,

„ ce Fisc a ses officiers, & sa juris-
„ diction dont le Prévôt est appelé
„ Beithel-malgi le Président du Fisc.

Et dans toutes ces cours, ces sortes d'établissements ne sont pas comme chez nous des moyens de faire le mal avec impunité ; ces officiers ne sont pas autorisés à dépouiller les vrais propriétaires sous prétexte de mettre leurs biens à couvert, comme le font en Europe nos justiciers d'amirauté, & dans nos colonies nos procureurs aux biens vacants &c. Ouvrez encore Chardin : vous y lirez qu'un jouaillier Persan étant allé tenter fortune au Tibet, en rapporta quantité de diamants. Qu'ayant perdu presque tous ses domestiques dans ce pays étranger, le Souverain le fit reconduire avec ses pierreries jusqu'aux frontieres du Mogol d'où il gagna Agra : il y mourut.

„ Le Grand Mogol ayant appris
„ cette histoire, fit rassembler tous

„ ses effets dans un lieu, bijoux, argent, papier, meubles, & y fit apposer le sçeau, faisant dire aux négocians Persans d'avertir les héritiers du défunt de venir retirer la succession. Le fils encore jeune se rendit à la cour du grand Mogol, & retira tout sans peine & sans beaucoup de frais. Le Grand Mogol demanda à voir les pierreries en particulier, & en acheta une partie du provenu de laquelle ce jeune homme apporta en Perse plus de sept cent mille livres en étoffes des Indes „.

„ Il publia que c'étoit toute la succession de son pere, & on le croyoit parce que c'étoit un gros bien; mais ayant voulu vendre de gros diamans en secret, il fut découvert. Le Roi le pressa de lui montrer ce qu'il avoit, & sur cela il fit paroître trois diamants qui valoient bien cinq cent mille livres.

„ On croyoit à Iſpahan qu'il en avoit „ pour plus de deux millions, „ tout cela provenu de cent mille „ écus „.

Chardin avoit connu cet heureux héritier ; obſervez que les richeſſes qu'il avoit recueillies s'étoient échapées de trois cours Aſiatiques, & que dans la derniere où il avoit fixé ſon ſéjour, le Prince ne lui fit pas un crime de n'avoir pas voulu même lui revéler les objets de la ſucceſſion de ſon pere.

Qu'on juge ce qui lui feroit arrivé en Europe, s'il avoit eu le double crime d'être ſi opulent & ſi peu communicatif. Un courtiſan avide auroit obtenu l'héritage en vertu du droit d'aubaine, & le fils, chaſſé comme un importun, auroit fini ſes jours dans un cachot, s'il avoit oſé faire entendre des plaintes qu'on auroit appelé une révolte.

Un de nos plus célebres publiciſtes,

un de ceux dont on ne prononce le nom qu'avec respect dans ces écoles où l'on n'apprend guere qu'à méconnoître la raison, & à substituer le mensonge à la vérité, Puffendorff, décide sans balancer, que le Prince dans un besoin pressant peut prendre de gré ou de force le bien d'un sujet (1), principe abominable, principe directement contraire à la nature même de la royauté, principe mille fois plus dangereux encore pour les Princes qui ont tout à perdre, que pour le peuple à qui l'on ne peut rien, ou presque rien ôter, principe que le despotisme le plus sanguinaire rougiroit, frémiroit, trembleroit d'adopter en Asie.

Ouvrez Chardin; considérez-y le grand Abbas; au nom duquel les

---

(1) Liv. VIII. chap. 5 n. 7.
Il suppose, à la vérité que les autres rembourseroient le particulier lesé: mais son principe n'en consacre pas moins l'injustice.

Kams les plus puiſſants rentroient dans la pouſſiere ; il brûloit d'envie d'élever une Moſquée : c'étoit, ſuivant ſa religion, une œuvre ſainte, & ſuivant les préjugés de ſon pays le dernier degré de gloire auquel pût s'élever un conquérant. Preſſé par ſa paſſion de ſe ſignaler, pour jouir plus promptement du fruit de ſon zele & du plaiſir de s'admirer dans ce monument de ſes exploits, il avoit fait dépouiller pluſieurs autres Moſquées de leurs marbres de tous les ornements intérieurs pour enrichir la ſienne. Qui croiroit que cette précipitation ſacrilege vint échouer auprès d'une chaumiere appartenante à une vieille femme ?

On avoit beſoin de ce recoin pour completter l'édifice : la propriétaire refuſoit de vendre : l'emportement du Souverain avoit ſans ſcrupule outragé les temples conſacrés à Dieu ; il reſpecta l'idole de la propriété dans la cabane de l'indigence. Ce Sophi si cruel, si absolu, qui faisoit écorcher vifs des Visirs prévaricateurs, s'humilia devant une femme octogénaire : il fit agir des Molas qui la flatterent : on la prit par l'espérance & par l'avarice ; on lui donna une grosse somme sur la terre, & la promesse d'un équivalent sans bornes dans le ciel. Elle céda volontairement son terrain ; & la Mosquée du plus impérieux ; du plus fier de tous les despotes de l'Asie, ne fut achevée que parce que la plus abjecte de ses Vassales, voulut bien y donner son consentement.

Repondez donc à cet exemple & à mille autres que fournissent les annales de l'Asie, panégyristes aveugles des gouvernements mixtes de l'Europe, & des pouvoirs balancés, & de l'Aristocratie monarchique qui y écrase les peuples Combien d'Achabs & de Naboths dans ces contrées infortunées qui joignent à tous les autres malheurs, celui de s'enorgueillir de l'esclavage réel où elles gémissent, & de mépriser dans leur délire les seuls hommes chez qui la vraie liberté trouve encore un asile.

J'ai vu dans un pays, libre disoit-on par essence, le cuisinier d'un grand seigneur, chasser au nom de son maître des citoyens respectables de l'héritage de leur pere, parce qu'il étoit heureusement situé ; le but de cette vexation odieuse étoit d'infecter une partie de ce coin de terre par des lapins & de dévouer le reste à un luxe ruineux en y semant des primeurs.

CHAPITRE VIII.

Réfutation d'un passage de l'Esprit des Loix, où l'Auteur prétend expliquer ce qui fait qu'il n'y a point de propriété en Asie.

L'Auteur de cet ouvrage livré à ses inconcevables préjugés, non seulement a supposé des chimeres; mais il a été jusqu'à leur attribuer une cause & des effets certains. Il a posé en principe qu'il n'y avoit pas de propriété reçue en Asie, & il a voulu montrer pourquoi cet étrange droit existoit. Il en trouve trois raisons: la premiere, *c'est que comme lorsqu'un homme meurt sans enfants mâles, le grand Seigneur a la propriété, & que les filles n'ont que l'usufruit, il arrive que la plûpart des biens sont possédés d'une maniere précaire* (1).

(1) Esprit des Loix, liv. 15, chap. 14.

Cette coutume dont l'esprit est dévelopé dans la Théorie de Loix, liv. 3, chap. 21., n'est assurément pas aussi injuste qu'elle le paroît d'abord. Et il s'en faut bien que l'exécution puisse en être aussi funeste que le prétend M. de Montesquieu.

D'abord les occasions de la mettre en pratique ne doivent pas être fréquentes. Le célibat est inconnu dans l'Asie. Les enfants des esclaves servantes, sont habiles à succéder comme ceux des esclaves épouses. Le titre de la mere ne fait rien à la légitimité du fils. Le plus ou le moins de cérémonies n'est point ce qui fait valider un mariage. Là les effets politiques suivent des effets naturels, au lieu que parmi nous les effets naturels dépendent des effets politiques: ce qui est fort different.

Avec tant de facilités pour se donner des héritiers directs, on sent combien il doit être rare que l'on vienne à en manquer. Ainſi le droit du Grand Seigneur, tout conſtant, tout authentique qu'il eſt, doit ſe réduire à très-peu de choſe. Il n'a pas ſouvent les occaſions de l'exercer; & lors même qu'elles ſe préſentent, de ce qu'il peut en effet ſe réſerver la propriété des biens que le haſard lui procure, il ne s'enſuit pas qu'il ſe la réſerve. Il la transfere à quelqu'un de ſes ſujets qu'il en veut gratifier, comme nos Rois laiſſent ordinairement recueillir par d'autres les profits inhumains du droit d'aubaine. Ils ne ſouillent point leurs tréſors en y admettant ces gains odieux. Ils diminuent la barbarie de la loi qui les leur adjuge par l'emploi généreux qu'ils en font.

Les Sultans ont la même politique. Ils font de ces bénéfices ineſpérés la récompenſe de leurs créatures. S'ils ſe réſervent quelque droit ſur les biens ainſi donnés, c'eſt tout au plus celui d'une espece d'hommage, & quand ils en garderoient par devers eux la propriété, quand ils n'en transmetroient réellement à leurs donataires que l'usufruit ; ce ne seroit pas une raison pour dire, comme l'a fait M. de Montesquieu, que la plupart des biens de l'état sont possédés d'une maniere précaire.

A cette coutume qui met dans la main du prince, suivant le systéme de cet écrivain, la plupart des biens fonds de l'état, il en joint encore deux autres. La premiere : *C'est que*, dit-il, *le grand Seigneur donne la plupart des terres a sa milice, & en dispose à sa fantaisie.* La seconde, *c'est qu'il se saisit de toutes les successions des officiers de l'empire.* Cela n'est ni plus juste, ni plus vrai.

Le grand Seigneur donne quelques terres à sa milice : mais ce sont des bénéfices militaires, des fonds consacrés à cet usage depuis la conquête. Ils appartiennent au corps de la milice : le Sultan ne fait qu'en nommer l'usufruitier, de même que nos Rois conferent le titre des abbayes, &c. dont le clergé est le véritable propriétaire. C'est ce qu'on appelle des Timariots. Le Monarque Ottoman est responsable à la nation de l'emploi qu'il fait de ces récompenses destinées à ses défenseurs.

En Europe on les distribue à ceux qui prient pour l'Etat : en Turquie on les réserve aux mains qui combattent pour lui. Chaque pays à ses usages : la coutume établie dans le nôtre à cet égard ne doit pas nous rendre injustes envers des étrangers qui en suivent une un peu différente. Toutes deux sont également louables en examinant le principe de leur institution : mais l'une ne peut pas plus que l'autre produire

produire l'effet que lui attribue M. de Montefquieu. La nomination de quelques vieux janiffaires à des Timariots dans l'île de Chypre, ou dans la Paleftine, n'eft pas plus nuifible à la propriété des biens fonds en Turquie, que ne l'eft en France celle d'un chevalier de Malthe à une commanderie de Provence ou de Languedoc.

Enfuite eft-il bien vrai que le grand Seigneur s'empare des fucceffions de tous les officiers de l'empire ? Les relations font pleines de traits qui prouvent le contraire. Le fils d'un homme conftitué en dignité n'hérite point à Conftantinople de la place de fon pere : mais perfonne ne lui en contefte les biens. Les enfants d'un bacha décédé n'ont point de droit à fes trois queues, comme ceux d'un officier de l'ordre de S. Louis ne fe prétendent pas autorifés à en porter la croix, quand ils l'ont perdu. Mais la privation se borne à ces honneurs personnels qui ne doivent s'accorder qu'au mérite ; elle ne s'étend pas jusqu'aux priviléges qu'on est convenu d'attacher à la naissance. L'Aga qui commande au château de Dardannelles laisse ses biens à sa famille aussi tranquillement, aussi sûrement que le lieutenant de Roi de Dunkerque ou de Baïonne.

Je ne vois en Asie que deux sortes d'hommes dont les trésors soient dévolus au prince à leur mort. Ce sont les eunuques attachés particuliérement dans le serrail au service de sa personne, ou les coupables qu'il a fait périr. Dans l'un de ces cas il ne faut que suivre la premiere loi dont j'ai déjà parlé ci-dessus & dont la Théorie des Loix dévéloppe l'esprit, liv. 3. Les eunuques n'ont point d'enfants : le droit commun seul l'autoriseroit à leur succéder :

mais de plus ils font fes efclaves. Eux & leurs biens lui appartiennent : ainfi quand il s'en faifit à leur mort, il ne fait que fe remettre en poffeffion de ce qu'il auroit pu reprendre plutôt.

Dans l'autre cas il ne fuccede point, il confifque. Ce n'eft point un héritage qu'il recueille, c'eft une peine qu'il inflige : & dans tous les deux, quelque riches, quelque puiffants que foient les défunts, ce ne font pas des terres qu'il acquiert, mais de l'or, des pierreries; des femmes, des chevaux, un grand mobilier, & point de biens fonds.

C'eft une remarque bien importante à faire, & qui feule prouve peut-être la fupériorité des gouvernements de l'Afie, fur toutes ces adminiftrations nées de l'anarchie gothique dont nous avons tant de peine à débrouiller la confufion, & à mettre en jeu les refforts. Il n'y a pas de Princes qui possédent moins de fonds de terre, que les prétendus despotes de cette partie de notre continent. Leurs revenus consistent en impôts qui se payent en nature, & soulagent le peuple au-lieu de l'écraser : ils consistent en douanes bien indignes de ce nom, parce qu'elles sont douces, que les commis en sont honnêtes, & les receveurs désintéressés ; ils consistent en confiscations qui sont l'aiguillon ou le prix de la justice, & qui ne tombant jamais que sur les gens en charge, dépouillent plus souvent le crime que l'innocence : enfin ils consistent en présents volontaires qui signalent l'amour des sujets ; sans leur coûter de larmes ; & enrichissent le souverain, sans deshonorer ses ministres.

Les sommes que ces différents objets produisent servent à acquitter les charges de l'état, qui n'a jamais de débiteurs. Elles payent les divertiſſements du prince qui s'amuſe ſans faire de malheureux, & dont les plaiſirs ne jettent perſonne dans le déſeſpoir. Leur ſuperflu s'accumule dans un tréſor qui épargne au peuple la dure néceſſité de redoubler ſes ſubventions, dans les calamités extraordinaires ou imprévues. On ne ſait ce que c'eſt que de le ſacrifier à l'augmentation d'un domaine chimérique, qui devient le patrimoine des régiſſeurs, bien plus que celui du maître, & qui pourroit ſervir ſeulement à faire ſouvenir celui qui peut tout aujourd'hui, du peu que pouvoient autrefois ſes ancêtres ?

Les grands dans leur conduite ſuivent à peu-près les mêmes principes. Ils tâchent là, comme ailleurs, de devenir puiſſants à force de baſſeſſes : ils chatouillent ſans rougir les vices du ſouverain, quand ils eſpérent en tirer du profit. Mais le prix de leur servitude s'applique aux dépenses de leur maison, ou se consomme par les objets d'un luxe voluptueux, ou se met en réserve dans leurs cofres pour les premiers besoins. Ils ne songent pas à faire de ces acquisitions qui sont parmi nous le lustre des familles, & qui après avoir été si long-temps l'appanage de la noblesse, ne sont plus gueres aujourd'hui que celui de l'opulence.

Si l'on en croit M. de Montesquieu leur indifférence pour cette espece de biens vient de ce qu'ils *craignent de n'en pas jouir, & qu'ils croient n'avoir en propre que l'or ou l'argent qu'ils peuvent voler ou cacher.* Mais cette politique seroit assurément fort mal entendue. Si l'or & l'argent se cachent aisément, ils s'enlevent de même. Des terres tenteroient bien moins la cupidité d'un sultan avide, ou de son visir. Il y auroit de la part des grands bien de la mal-adresse, à préparer ainsi un appât à l'avarice ; & une récompense à leurs assassins.

Aussi n'est-ce pas ce motif qui les dirige. S'ils sont si peu jaloux d'acquérir des terres, c'est que leur possession n'a rien qui flatte leur orgueil. En Asie elles ne sont pas titrées. Elles ne donnent au propriétaire ni rang, ni distinction. On n'y devient pas pour un peu d'argent le successeur d'un petit tyran : on n'y achete pas les débris de la souveraineté d'un village. Le nom & les prérogatives d'une baronnie ne passent point des mains d'un gentil homme appauvri dans celles de l'usurier qui l'a ruiné.

Voilà ce qui épargne en Turquie aux personnes éminentes la manie d'entasser dans une même maison ces foules de domaines fastueux qui les décorent & les écrasent. La propriété des terres, suivant sa véritable destination, y reste dans les mains de ceux qui les font valoir. Ces terres elles-mêmes y gagnent autant que les possesseurs, & l'état.

L'opulence voluptueuse des grands les desseche & les dévaste. L'industrie active des petits les nourrit & les féconde. Par là tout est à sa place. Les hommes puissants accumulent des métaux, des diamants, c'est-à-dire des richesses brillantes & fragiles comme leurs dignités. Les véritables trésors, les richesses solides, celles qui font le bonheur & la sécurité de leurs maîtres, restent aux hommes obscurs qui les doivent à leur travail, & de qui dépendent pour la vie ceux même qui les méprisent.

Mais de cette façon de penser & d'agir, résulte un effet qui détruit entiérement la conséquence de M.

de Montefquieu. Quelque riches que foient les coupables que le fultan punit, ou les eunuques à qui il fuccede, la confifcation & l'héritage ne portent à la caiffe impériale, que des efpeces, ou des bijoux, ou des chevaux, & des hommes réduits à-peu-près au même rang. Il n'eft pas poffible que la propriété des terres s'en reffente. Un fultan pourroit couper la tête à tous fes bachas, fans pofféder une ferme de plus, & le refte de fes fujets n'en cultiveroit pas moins tranquillement les champs qu'ils auroient achetés eux-mêmes, ou que leur auroient tranfmis leurs ancêtres.

CHAPITRE IX.

Grandeur & humanité des Princes dans la vie privée en Asie, de leur haine pour le faste & l'etiquette qui n'est chere qu'au Despotisme.

TOut dans les usages de l'Asie respire la simplicité, la bonté, l'humanité, cette douce, cette bienfaisante humanité, dont nous ne parlons que pour l'outrager, que nous enterrons dans nos livres, & qui n'a jamais habité dans nos cœurs. Depuis le Prince jusqu'au dernier des manœuvres, tous sentent qu'ils sont des hommes; tous aiment à le sentir; tous font valoir les droits attachés à ce nom, & les respectent dans les autres, sans que la différence des rangs en souffre.

Là, l'orgueil ne prend point la place de la grandeur : là, un homme en place ne met point sa dignité à ennuyer ses égaux, & à s'ennuyer lui-même par l'étalage d'un faste ruineux autant que puérile : là, il ne prend point pour paroître en public, un masque impertinent, qu'il est trop heureux de quitter avec ses valets : là, point d'échasses pour réhausser des pigmées ; point d'extravagants artifices pour dérober aux yeux une nature qui n'a point à rougir de se montrer.

Voyez un prince Européen, le jour qu'il donne audience à des étrangers : lui & toute sa cour deviennent des machines dont l'étiquette meut les ressorts. Un pas de plus ou de moins dans une anti-chambre, un tabouret plus ou moins avancé ; l'étourderie ou la mal-adresse d'un valet, peuvent paroître au représentant du prince étranger un affront sanglant. Deux ans de négociations, & quelquefois plusieurs années de guerre, auroient peine à faire perdre le souvenir de l'énorme attentat : aussi tout le monde est roide : chacun a son rôle distribué & appris. Ces tristes comédiens de part & d'autre, osent à peine respirer autrement que ne le porte le fatal cahier. Après une heure de contraînte & de représentation, ils se quittent excédés, souvent honteux de leur propre jeu, & toujours mécontents de celui des autres.

En Perse, savez-vous en quoi consistent les mêmes cérémonies ? En un soupé splendide que le vin anime & dont la cruelle étiquette est sévérement bannie : & ce ne sont pas les ambassadeurs seuls que le monarque honore de ce joyeux accueil. Ce sont de simples particuliers qui lui ont plu, de ses sujets souvent qu'il chérit : il les appelle ses hôtes ; il connoît ce doux & inestimable plaisir de manger avec des amis, de satisfaire à la fois par le plus délicieux des mélanges, son appetit & son cœur ; il partage la satisfaction de ses convives ; il leur verse à boire de sa main ; il se réjouit de leur gaieté, il l'excite, il l'encourage ; il ne se croit roi qu'autant qu'on est heureux auprès de lui.

Si ces prétendus tyrans sont doux, humains dans les cérémonies publiques ; s'ils savent avec une bonhommie si magnanime substituer la bonne chere à l'art fastidieux des négociations, & la franchise du vin aux impostures de la politique ; combien sont-ils plus admirables, plus aimables encore dans leur vie privée !

Je ne parle point des sérails, triste, & unique tribut qu'ils payent à la mode, à l'usage ; coutume affligeante que la réflexion peut excuser, mais que le premier mouvement du cœur proscrit, & dont les sectateurs ne sont que trop punis par le vuide que laisse toujours dans leurs ames l'absence du desir. Mais dans le reste de leur économie domestique, dans l'intérieur de leurs maisons, j'ai presque dit de leurs ménages, quelle noblesse, quelle aménité, quelle bienfaisance!

Les simples ouvriers qui leur dévouent leurs talents & leurs travaux, ne sont point, comme ailleurs, appelés par le luxe & rebutés par l'avarice. Aucun officier supérieur ne s'y fait un patrimoine de leur solde; ils n'apprennent point à y devenir frippons par l'habitude d'être dupes, à enfler des mémoires qui obérent l'état, & dont l'excès tourne au profit du surveillant qui, étant payé pour empêcher cette manœuvre, ne se sert de son pouvoir que pour la nécessiter.

Dès qu'un ouvrier est agréé chez le roi de Perse, il a ses gages, sa folde fixe : le prince compte fur fa probité en l'admettant au nombre de fes commenfaux; on ne le foupçonne point d'être capable de mal employer fes moments pour un maître qui lui affure fa fortune ; fa paye court également, foit qu'on l'occupe, ou qu'on ne l'occupe pas ; foit que la maladie l'accable, ou que la vieilleffe le mine.

Jeune, âgé, fain, impotent, il vit aux dépens du monarque à qui il s'eft attaché ; à la moindre infirmité, ce font les médecins du corps qui le vifitent ; c'eft de la pharmacie royale qu'il tire fes remedes ; qu'on fonge que cette adminiftration eft établie de temps immémorial en Afie, & qu'il n'y a pas deux fiecles que nous avons des hôpitaux, même pour nos armées, qu'il n'y en a pas un que nous avons des invalides ; & qu'on juge entre l'humanité des prétendus despotes de l'Asie, & celles de tant de princes que de lâches écrivains ne rougissent pas de leur préférer.

CHAPITRE X.

De la perception des impôts. Des douanes, combien elles ſont douces en Aſie. Des ſoldats avec quels égards, quelles bontés ils ſont traités.

SI de ces détails de la vie domeſtique ; on paſſe à l'adminiſtration extérieure, aux ſoins du gouvernement, on verra par tout l'ordre le plus admirable, la vigilance la plus attentive, l'attention la plus bienfaiſante. Rien de ſi doux que les impôts ; la plus grande partie ſe paye en nature, & dès-lors elle devient inſenſible.

Les douanes ſont rejetées ſur les frontieres, comme les griffes des animaux carnaciers qui ſe trouvent aux extrémités de leur corps : elles ſont douces d'ailleurs : la marchandise qui en a une fois subi l'impression, cesse d'y être sujette. C'est vraiment sur les limites de l'état qu'on paye le droit d'y entrer ou d'en sortir : on n'y voit pas de péagers, de commis insolents rançonner à dix lieues de la capitale un malheureux qui a déja acheté cinq ou six fois la permission d'y entrer.

Il y a plus : dans ces climats fortunés, sous ces heureuses administrations, jamais on n'a imaginé d'affermer à quelques hommes privilégiés le droit exclusif de vendre du tabac ou du sel, ou de faire perdre la vie dans les supplices à un honnête homme qui se hasarde à procurer l'abondance à ses compatriotes : jamais l'existence d'un citoyen n'y a été mise en balance avec une once de cochenille ou une garniture de dentelle passée sans la déclarer, entre je ne sais quelles paliſſades de planches noircies, appelées *Barrieres*.

Les douaniers, à la vérité, ſont exacts ; ils viſitent de leur mieux, pour découvrir ce qui eſt ſujet aux droits ; mais quand on les fraude, ils ſont les premiers à en rire ; s'ils peuvent attraper le fraudeur, ils lui font payer le double de ce qu'il auroit dû payer par la voie légitime. Jamais de confiſcation, ni des biens, ni des voitures, ni de la perſonne des conducteurs ou des propriétaires ; jamais ces menaces affreuſes, ces exécutions encore plus terribles & ſi ſouvent multipliées dans la barbare anarchie de l'Europe contre les contrebandiers.

Les droits de douanes, diſent ces hommes ſages, ſont un jeu entre le marchand & le receveur ; le plus adroit gagne, le plus mal adroit doit être puni (1). Mais ce jeu feroit horrible fi la vie de nos pareils y entroit pour quelque chofe. Rien de plus naturel que de tâcher de s'exempter des droits que le prince exige, rien de fi excufable : nous croirions fouiller fon autorité & commettre le plus effroyable des crimes fi nous ofions, pour un intérêt fi fordide, faire briller le glaive de la juftice. C'eft ainfi que partout dans cette admirable conftitution le fang humain eft refpecté. Les rapports du prince envers fes fujets, font toujours ceux qui exiftent entre un pere & fes enfants.

Par tout ailleurs les calamités de nature ne font pas un frein pour la rapacité financiere ; la taxe impofée fur les hommes eft toujours échue indépendamment de la réuffite des

---

(1) *Voyez* à ce fujet Tavernier, Chardin, Gemelly, Carreri, Della Valle, & tous les Voyageurs.

productions de la terre. *Paye & meurs*, dit un traitant Européen au peuple qui a vu geler sa vigne ou grêler sa moisson. S'il obtient quelque relâche, on croit mériter de lui des autels, quand ce soulagement va à un quart, à un tiers de sa taxe, & encore n'est-ce pas une grace que le gouvernement fait: comme son appetit a besoin d'une proie fixe & qu'il n'entend pas que sa bienfaisance fait pour lui une privation, l'ombre d'indulgence que l'on montre pour un village, devient une surcharge pour le hameau voisin, & tandis que par égard pour une calamité physique, on feint d'épargner celui-ci, on inflige à l'autre une calamité morale qui le rend encore plus à plaindre.

Ce n'est pas ainsi qu'on en use dans les prétendus repaires de la tyrannie. Si en Egypte le Nil ne monte pas à une certaine hauteur, le pays est totalement exempt d'impôts. Les peuples ne ſont pas obligés de cautionner le fiſc contre les caprices des éléments: & la prodigalité de la nature envers eux eſt la ſeule meſure de leur généroſité envers le ſouverain. Quoi de plus beau, plus admirable que cette manutention.

Toutes les opérations du gouvernement portent l'empreinte de cette généroſité douce & bienfaiſante. Chez nous s'il exiſte quelques monuments utiles au public, ce n'eſt gueres que le faſte des conſtructeurs ou quelque fois une occaſion brillante qui les fait élever. S'il en profite ce n'eſt que par haſard, c'eſt parce qu'on rougiroit de les détruire ou que leur exiſtence devient un titre à ceux qui en ont dirigé la conſtruction pour en obtenir un ſalaire, & cependant par qui ſont ils payés?

Par le public. Si l'on ouvre un chemin c'eſt par corvées, ſi l'on charge une riviere d'un pont, on le charge lui-même d'un péage, ou s'il jouit de cette exception; des taxes levées d'avance à ce sujet en ont fourni le prix, long-temps avant que l'usage puisse en indemniser les riverains. En Asie tout se construit à prix d'argent aux dépens de l'état ou plutôt du prince.

Nous jugeons de la prétendue oppression que souffrent les Orientaux d'après des rélations absurdes dont même nous confondons l'application. Si l'on disoit à un Asiatique qu'il y a des pays où les princes sont si despotiques que leurs cerfs & leurs lievres sont privilégiés, qu'il est moins dangereux de tuer un homme qu'un de ces animaux favoris. Que l'été, à l'approche des moissons, il n'y a d'autre alternative pour les malheureux habitants des campagnes que de laisser dévorer leurs bleds par ces brigans royaux, ou de passer les nuits à courir, à crier pour les écarter de leurs champs; il frémiroit d'une aussi cruelle tyrannie. Il loueroit Dieu de n'être pas né dans un pays où les premieres notions de l'humanité sont si cruellement dédaignées

Et si l'on ajoutoit que toutes les terres du royaume sont divisées en fiefs plus ou moins étendus & que chaque possesseur de fief a en petit le même pouvoir que le prince; que les galeres sont remplies de malheureux qui n'ont pas d'autre crime que d'avoir voulu se débarrasser d'un lievre qui mangeoit leurs choux, il frémiroit bien davantage & ne concevroit pas comment il se trouve un homme qui puisse vivre sous un pareil gouvernement.

Cette vexation légale de la chasse, fait penser à la noblesse, à ces titres plus chimériques encore que fastueux

fastueux, dont on ne se sert en Europe que pour écraser le peuple, ou au moins pour l'humilier. C'est encore un fléau dont l'Asie est exempte : & rien de plus sage, de de plus humain que l'indifférence de ses habitans à cet égard.

Aussi est-ce une invention de la barbarie. Elle n'a jamais été connue chez les peuples qui ont eu quelque respect pour eux-mêmes. Les Grecs & les Romains tant qu'ils ont été libres en ont fait très-peu de cas. C'est une des productions de l'ignorance sauvage des brigands du Nord. Ces malheureux à qui est due la plus grande & la plus horrible dégradation de l'espece humaine sont les véritables inventeurs de la noblesse. Ils l'accordoient à des actions atroces & par le dernier excés du délire & de l'avarice, nous nous sommes avisés dans des temps modernes de les vendre pour de l'argent.

Les Aſiatiques n'ont jamais ſouillé leurs adminiſtrations de cet opprobre. Tout citoyen eſt fils de ſon mérite & de ſes actions : l'héritier d'un vizir ſuccede à la fortune de ſon pere mais point à ſes places, & s'il n'eſt pas digne du nom qu'il porte ; ce mérite ne ſupplée point à ſon incapacité. Vous voyez partout l'indulgence & la raiſon ſe concilier dans les mêmes dont on nous fait ſans ceſſe une peinture ſi odieuſe.

Ceux même qui par-tout ailleurs ſont dévoués au plus dur eſclavage, ces malheureux ſerfs enrégimentés, à qui l'on donne le nom de ſoldats, de troupes, ces hommes qui ſont l'appui du pouvoir, & dont le pouvoir fait ſi peu de cas, qui rempliſſent dans les empires, la fonction des chiens dans les baſſecours, & pour qui l'on n'a pas même les ſoins que les fermiers intelligents ont pour les matins qui les gardent, celui de les nourrir, ils profitent en Aſie comme les autres claſſes de la ſociété, de l'eſprit de bonté, d'humanité qui en penetre & en dirige toutes les parties.

En général, voulez-vous ſavoir ſi le commun d'une nation eſt dans la miſere, ou non? Examinez comment y vit le ſoldat : cette claſſe de la ſociété eſt toujours au dernier rang quant à la ſubſiſtance. Rempliſſant les fonctions de l'animal auquel je viens de le comparer par ſa docilité & par ſon emploi, elle en occupe auſſi la place dans la diſtribution des aliments.

Si elle eſt abondamment pourvue, ſoyez ſûr qu'aucun des individus qui habitent la maiſon dont la garde lui eſt confiée, n'eſt dans la disette (1). Or d'après cette regle qui est infaillible, comparez les troupes Européennes & les janissaires.

Chaque oda ou bataillon, de ceux-ci a ses pourvoieurs qui fournissent par chambrée, du mouton, du riz, du beurre & des oignons. Il y a même des jours marqués chaque semaine, pour leur servir du pilau en cérémonie, & l'une des plus importantes fonctions du grand visir c'est de le leur voir manger.

Le soldat y est donc bien payé, bien vêtu, bien nourri. Un janissaire consomme lui seul plus que dix grenadiers Européens : de plus, quand ils sont en campagne, on ignore les

(1) A moins qu'un caprice extraordinaire ne cause une révolution comme à Rome, quand les soldats furent devenus les dispensateurs de l'empire, ou en Europe, depuis que les économistes ont osé y prêcher que le moyen de ramener tout à l'ordre essentiel, étoit de faire mourir les manouvriers d'inanition.

fournitures d'armées, les entreprises de vivres, d'habillements & d'hôpitaux qui mettent la vie de cent mille hommes à la discrétion d'un petit nombre de particuliers, dont la fortune ne se fonde que sur des meurtres, & qui ne peuvent s'enrichir que par des assassinats.

En Europe, le soldat a dans la marche à combattre les injures de l'air, & la chaleur, outre le poids de son bagage. J'en ai vu tomber mort de soif sur le chemin, sans qu'on soupçonnât seulement qu'il y eut moyen de rémedier à un inconvénient qui paroît à nos têtes septentrionales une des calamités attachées à la guerre.

En Asie non-seulement le soldat n'a à porter que ses armes, mais quand il est en route, des chameaux toujours chargés d'outres remplies, suivent l'armée; des skets ou porteurs d'eau sont divisés entre chaque file avec des fontaines portatives, & font circuler les rafraichissements tout en marchant. Comment doivent être traités les bourgeois dans un pays où le gouvernement a pour les soldats des attentions si tendres & si affectueuses !

CHAPITRE XI.

De la jurisprudence Asiatique, des formes usitées dans les procès, de leur police à cet égard.

UN des plus cruels fléaux de la société parmi nous, c'est la procédure. Les formalités en sont aussi accablantes qu'inutiles. Dans ce qui s'appelle affaires d'état, il n'en est pas même question, parce que le bien public, dit on, & sur-tout l'envie qu'a un ministre d'être obéi promptement, les fait négliger sans que personne ose s'en plaindre.

Dans les affaires contentieuses où l'on ne risque que ses biens, elles ne servent pas d'avantage, elles deviennent au contraire un asile favorable à la fraude, à l'avarice, à l'opulence qui oppriment la pauvreté timide & sans appui.

La chicane se fortifie sur les amas de ces formalités qui, de l'aveu du Président de Montesquieu, *sont une partie essentielle de la monarchie*. Elle y dévore avec tranquillité le fruit de ses usurpations, quatre & cinq générations ne suffisent pas souvent pour lui arracher sa proie, & même elle ne la rend enfin que mutilée, épuisée, c'est un cadavre qu'elle restitue.

En est-il de même en Asie ? M. de Montesquieu, convaincu des avantages qui y résultent pour les peuples de l'abréviation des procédures & de l'omission des formalités, ne pouvant combattre ces vérités évidentes que l'aveu de tous les voyageurs confirme, s'en tire par la plus étrange question. Si cette maniere d'administrer la justice, est la meilleure, *il n'y aura donc*, dit-il (1), *que les plus ignorants des hommes qui auront*

(1) L. VI. chap. 2.

vu clair dans la chose du monde qu'il importe le plus aux hommes de savoir.

Mais où a-t-il pris que les Orientaux étoient les plus ignorants des hommes ? L'Asie est le berceau de tous les arts, comme celui du genre humain. C'est de-là que la lumiere est partie pour éclairer l'occident ; si nous pensons, si nous existons, c'est à l'Asie que nous en sommes redevables, & nous osons lui reprocher l'ignorance !

La jurisprudence qui y regne encore y est aussi ancienne que l'astronomie, les mathématiques & toutes les sciences relevées qui y avoient déjà fait les plus grands progrès dans des siecles où notre Europe existoit à peine, si le vrai systême du monde, & les axiomes de la géometrie ont pu être découverts dans ces heureux climats par les esprits supérieurs qu'une influence plus favorable & une nature plus active y formoit, pourquoi donc les principes solides de la politique leur auroient-il échapés.

Loin de s'en être dégoûtés par une expérience de trois mille siecles, ils ne s'y montrent que plus attachés, & les voyageurs de bonne foi conviennent des bons effets que ces maximes produisent. Chardin, Dellavalle, Gemellicazeri, nos missionnaires même tout remplis de préjugés, tout ennemis qu'ils sont d'un gouvernement peu favorable à leurs pieuses conquêtes rendent hautement hommage à sa sagesse & au bonheur des peuples qu'il dirige.

Les écritures sont rares dans l'instruction des procès & les plaidoiries courtes. Il n'y a point de défenseurs mercenaires, interessés à multiplier les procédures, la médiation d'un procureur entre le juge & la partie est inconnue. D'ailleurs les principales sources des querelles litigieuses, ces boëtes de Pandore, si l'on peut ainsi parler, que la justice a tant multipliées parmi nous, d'où sortent journellement le désespoir, la ruine des familles, & l'opprobre de la législation, n'existent point en Asie.

Une égalité absolue dans les partages entre les enfants ne donne pas lieu à des chicannes. Le despotisme des peres & des maris dans l'administration intérieure de la maison, ou du moins le divorce, écartent ces réclamations odieuses d'un fils rebelle, d'une femme sans pudeur, qui embarrassent & dèshonorent si souvent nos tribunaux. Les collatéraux n'héritent point. Les biens ne passent jamais qu'aux héritiers directs ou ascendants, ou descendants; & la preuve testimoniale est admise même pour les obligations les plus considérables. C'est donc par la constitution même de cet empire, par sa sagesse qu'il ne peut s'offrir aux magistrats que des cas très-simples & auxquels la loi peut s'appliquer avec la plus grande facilité : mais cette simplicité produite par la plus sage politique n'est pas le fruit de l'ignorance.

Les Asiatiques connoissent le divorce aussi bien que la multiplicité des femmes, & c'est encore une preuve des égards de leur législation pour les hommes, pour le peuple, c'est-à-dire, pour la partie de la nation qui est comptée pour rien par-tout ailleurs.

La multiplicité des femmes fait les délices des riches, mais le divorce est la ressource des pauvres. C'est un soulagement que la loi a préparé à leur indigence. Leur triste situation les met hors d'état de remédier à la mauvaise humeur de leurs femmes par la rivalité, & de les tenir dans la dépendance par la crainte de voir paſſer à un autre l'affection du maître & les faveurs qui en ſont la ſuite. Il étoit donc naturel de leur permettre au moins d'en changer & de ſuppléer par le divorce à une variété onéreuſe qu'ils n'auroient pu ſoutenir. Il eſt bon d'obſerver que dans le cas des ſéparations, les enfans reſtent au pere parce qu'ils ſont partie de ſa propriété, (1) & qu'il eſt d'ailleurs conſidéré par la loi comme ayant plus de moyens, plus de pouvoirs pour ſubvenir à leurs beſoins.

Son extrême indulgence pour les membres de la ſociété quelle régit, a même été plus loin encore. Elle autoriſe des mariages paſſagers qui ne ſont que des loyers de femmes, de véritables baux par leſquels on

(1) Voyez à ce ſujet, le livre 3 de la Théorie des Loix.

s'en aſſure l'uſage pour un temps fixe. Ces hommes que Chardin appelle Canitzé s'engagent par un contrat en forme, moyennant un prix convenu. A l'expiration du temps, on leur paye la ſomme, & elles cherchent un autre marché, mais il ne leur eſt permis de paſſer dans les bras d'un autre qu'au bout de quarante jours, afin que l'on puiſſe s'aſſurer ſi elles ne ſont pas groſſes. En ce cas l'enfant retourne toujours au pere & lui reſte, ainſi que tous ceux qu'elle a pu lui donner dans l'intervalle de leur union.

On peut remarquer combien de ménagements a en tout cette legiſlation pour l'honnêteté, d'une part en procurant tant de ſecours légitimes contre le déſordre & pour la population, de l'autre en s'occupant toujours du ſoin d'aſſurer irrévocablement le ſort des enfants.

Que l'on compare ce procedé plein de bonté, de tendresse, de délicatesse même, avec nos loix qui recommandent la régularité sous des peines cruelles, tandis que nos mœurs nécessitent & consacrent le desordre : que l'on mette en parallele la politique qui adoucit, tant qu'elle peut, les obligations des hommes pour les engager à multiplier leur postérité & qui dénaturant le vice même trouve moyen d'en tirer autant d'avantage que de la vertu, avec celle qui dans nos climats tolere le libertinage sous prétexte qu'il est impossible de le reformer, & laisse la débauche cangrener dans leurs sources les racines de la société, de peur d'attaquer les usages meurtriers qui la déshonorent ; & l'on verra bien-tôt à laquelle la préférence est due. Pour moi, il me semble que les hopitaux seuls des enfants trouvés & la nécessité effrenée de les entretenir, font la proſcription la plus foudroiante de nos loix, & la juſtification la plus authentique de celle des Perſans qui n'en ont jamais eu beſoin.

CHAPITRE XII.

S'il est vrai que la justice soit vénale en Asie, & qu'il n'y ait de courage, de vertu dans aucun état.

MAis, dit-on, tout est corrompu dans ces tribunaux où un seul homme juge arbitrairement. L'argent est la seule raison décisive qu'on y puisse faire valoir. La vénalité y est si publique, elle entre si fort dans la constitution même du gouvernement, qu'on ne peut jamais paroître devant les personnes en place, & sur tout devant le prince, sans lui faire de présents. Le P. de Montesquieu regarde cet usage comme une prévarication, & il explique pourquoi il est inséparable du despotisme.

Il est bien aisé de répondre à ces assertions plus que frivoles.

D'abord, c'est une supposition fausse & absurde en général que celle d'un empire où la justice seroit publiquement à vendre, où il y auroit des magistrats autorisés à prévariquer impunément, & où le citoyen vexé seroit sûr de ne point trouver de support dès qu'il auroit affaire à un oppresseur riche & puissant.

Ensuite, j'ai fait voir que s'il y avoit au monde une administration exempte de cet abus, c'étoit essentiellement celle de l'Asie. Les souverains n'y existent que pour le reprimer. C'est là leur unique soin, & ils ne peuvent être tentés de le négliger puisqu'ils sentent à chaque moment que c'est de leur exactitude que leur sûreté dépend.

Aussi encore une fois leurs histoires n'offrent elles à chaque page que des exemples d'une justice poussée en apparence jusqu'à la cruauté. Il me paroît toujours étrange qu'on croie si légerement à l'iniquité des juges dans un pays où l'ombre d'une prévarication peut leur coûter la tête, tandis qu'on a une confiance sans reserve dans leur intégrité en Europe, où la considération, l'opulence, ou au moins l'impunité ont à coup sûr leur salaire, quand ils l'oublient.

Le président de Montesquieu, toujours embarrassé pour concilier ses préjugés avec la vérité qui l'éclairoit malgré lui, ne peut s'empêcher à chaque instant d'y rendre hommage. C'est ainsi qu'après avoir avancé, liv. 6. chap. premier. *Que dans l'Asie il n'y a point de loix civiles*, quoiqu'il n'existe aucun pays au monde où elles soient plus sacrées, plus authentiques, puisqu'elles se trouvent liées avec la religion, il ajoute : *C'est ce qui fait en partie que l'on maltraite si fort les plaideurs : l'injustice de leur demande paroît à découvert, n'étant pas cachée, palliée ou protégée par une infinité de loix.* Ce peu de mots renferme bien des aveux précieux.

1°. Il en resulte que dans l'opinion de M. de Montesquieu lui-même, la multitude des loix n'est propre qu'à cacher, pallier ou proteger l'injustice, ce qui detruit la moitié de son livre.

2°. Il en resulte encore que, suivant ses principes, ce ne peut pas être la vertu qui soit le ressort des républiques, puisque c'est dans les républiques essentiellement que les loix se multiplient. Si cette multiplicité n'est que le soutien de l'injustice, ce n'est pas où regne la vertu, que la propagation en peut être favorisée.

3°. Il en resulte aussi clairement

que les juges Asiatiques ne sont pas corrompus, puisque l'injustice d'une demande les irrite, & que le ton général qu'elle leur donne, est l'humeur, la sevérité : ce que n'auroient pas des magistrats à qui des demandes iniques constitueroient un patrimoine.

4°. Enfin il en resulte encore avec autant d'évidence que M. de Montesquieu écrivoit quelquefois avec une bien étonnante legereté, & qu'il se permettoit bien peu de réflechir sur les mots qu'il employoit. Comment ce defaut de loix civiles avoit-il pu armer les tribunaux contre les plaideurs en général ? A quoi auroit on reconnue leur mauvaise foi ? Ce seroit précisément parce qu'il n'y auroit point de loix que toutes les demandes seroient licites.

D'ailleurs qu'on les aprécîat d'après des coutumes, ou d'après le caprice du juge, si l'on veut, il s'en trouvoit toujours une de fondée. Comment celui qui a raison pouvoit-il être maltraité? En quoi consisteroit ce mauvais traitement, dans une législation où il n'y a point de frais, où la sentence & ses préliminaires ne coûtent rien, & quand elle coûteroit quelque chose, est-ce le plaideur dont le juge viendroit de toucher l'argent, & à qui il auroit en conséquence vendu un arrêt favorable qu'il maltraiteroit? Voilà pourtant comme l'auteur de l'*Esprit des Loix* a traité cette matiere.

A l'égard de la coutume reçue de ne se présenter jamais les mains vuides devant le prince ou ses représentants, elle n'est ni attachée au prétendu despotisme de l'Asie, ni vicieuse.

1°. Les empereurs Romains étoient sans contredit les plus parfaits despotes qui ayent jamais existé, ils ne recevoient pas de présents de cette maniere.

2°. Dans les gouvernements Asiatiques on n'en fait pas toujours aux hommes en place. Quand le sultan va à la mosquée, quand le vizir donne audiance pour juger les procès, ils reçoivent gratis toutes les requêtes qu'on leur présente, les affaires s'instruisent gratis. Les présents ne sont que pour les occasions extraordinaires, & cet usage est très-loin d'être odieux.

Personne ne s'avise de blamer les hommes de se présenter dans les temples avec de legers présents. C'est un hommage qu'on rend à la divinité dont on implore le secours & non pas le prix qu'on met à ses bienfaits. Le Prince tenant en Asie la place de la divinité, il est naturel qu'on tâche à le flatter aussi par des témoignages de dépendance.

Dans l'état despotique, dit Montesquieu, liv. 5. chap. 17, *on ne peut être déterminé à agir que par l'espérance des commodités de la vie*, mais quelle commodité peut procurer un présent à un homme, qui, suivant Montesquieu, est propriétaire de tous les biens & de la personne même de celui qui donne ?

Il peut donc y avoir, & il y a en Asie comme ailleurs, des magistrats integres, capables de ce courage, qui éleve l'ame au-dessus de la corruption & des présents, courage quelque fois supérieur à celui qui fait braver les dangers. A entendre le président de Montesquieu, l'un de ces héroïsmes n'est pas plus naturel à ces contrées, que l'autre. Dans le même ouvrage où il a supposé que les cadis ne pouvoient que prévariquer en jugeant, il a affirmé que leurs compatriotes n'étoient pas capables de se battre avec résolution

ſolution : *Il faut*, dit-il, liv. 3. chap. 9, *que la crainte abatte tous les courages* dans les états deſpotiques & cette penſée, que toute fermeté eſt bannie des adminiſtrations qu'il lui a plu de flétrir ainſi, ſe trouve répétée dans chacun de ſes chapitres.

Il faut avouer pourtant que c'étoient d'étranges poltrons que ces janiſſaires qui conquirent la moitié de l'Aſie, ces Sarraſins dont l'empire fut plus étendu que celui des Romains à qui nous donnons la palme du courage guerrier ; c'étoit une ſinguliere lâcheté que celle de ces Parthes qui furent l'écueil des armes Romaines, dans le temps de leur plus grande proſpérité.

Si la molleſſe des Indiens & des Chinois prouve que le gouvernement Aſiatique n'eſt pas incompatible avec elle, la vigueur des Turcs, des Parthes, des Arabes démontre que ce n'eſt point lui qui la cauſe. Les Mandarins de Peking, ſont lâches parce qu'ils ſont ſavants, ou du moins, qu'ils paſſent leur vie à lire ou à faire des livres. Les Rajas de Golconde ou de Viſapour, n'ont point de courage parce que les Bramines les ont énervés, & à la guerre, les nations ne ſont que ce que les chefs les font.

D'ailleurs, ce n'eſt point par lâcheté que les Aſiatiques obéiſſent à leur ſouverain, c'eſt par principe de vertu. Ils conſidérent le prince comme l'envoyé de Dieu, comme le repréſentant de l'être ſuprême, ils croient remplir les ordres de la divinité en ſe précipitant ſans examen pour accomplir ceux du chef qui la leur retrace. Cet héroïſme de la ſoumiſſion & de la généroſité vaut bien aſſurément ces petits ſacrifices que l'honneur ſemble arracher dans nos monarchies, & qui dans la réalité ne ſont offerts qu'à l'intérêt.

CHAPITRE XIII.

Des mœurs du Peuple, que la vie en général est plus douce en Asie qu'en Europe. Que les usages y sont plus favorables à la partie peu aisée des Nations. Des aliments.

SI de la cour on descend vers cette classe inférieure de la société, où le génie national se distingue encore mieux, parce qu'elle est moins voisine des principes qui l'altérent, on trouvera par-tout des mœurs, des usages, une façon d'être à tous égards préférable à la nôtre.

Nous nous enfermons soigneusement pour dîner : les regards d'autrui sont importuns pour notre basse gourmandise : aussi exclusive que vorace, elle ne veut rien que pour elle : elle craindroit de perdre ce que des yeux étrangers pourroient saisir du spectacle de ses mets. Un

Turc, un Perſan, un Arabe ne mange point, que ſes portes ne ſoient ouvertes : il appelle les paſſants pour venir jouir de l'abondance que l'être ſuprême lui a donnée ; ſa table eſt toujours celle du pauvre : comme on s'y aſſeoit ſans façons, on la quitte ſans remerciement ; du moins la reconnoiſſance n'eſt pas un tribut que le maître exige ; vous l'avez payé en lui donnant l'occaſion d'obliger un homme.

Notre moleſſe s'effraye au récit que font les écrivains de la maniere dont on voyage en Aſie : il faut mener avec ſoi juſqu'à ſon lit. Nous préférons la méthode voluptueuſe de nos climats. Nous ſommes toujours chez nous, même en quittant nos foyers : les chemins ſont peuplés de domeſtiques éphéméres que l'eſpérance nous amene & qui ſe diſputent l'avantage de nous ſervir. D'ailleurs, nous volons ſur les routes avec la rapidité des éclairs ; l'espace s'évanouit ſous l'effort du malheureux mallier que le poſtillon crève ſans ſcrupule à ſon maître pour gagner quelques ſols qui ne lui ſont pas dûs. Rien de plus agréable ſans doute : mais pour qui des ſoulagements ſi commodes ſont-ils préparés ? Pour les riches, & pour les riches ſeuls.

Le pauvre qui rampe dans la boue, qu'effleurent ſi légérement ces chars dans leſquels on change de pays, ſans s'en appercevoir ; le pauvre en arrivant à l'auberge, quel accueil y reçoit-il ? Mal reçu, mal nourri, mal logé, plus fatigué ſouvent du repos qu'il y trouve, que du chemin qui l'y a conduit, rançonné encore par l'avidité inſolente qui trouve moyen de faire payer à l'indigence les ſervices qu'elle ne lui rend pas, tandis qu'elle en prodigue à la richeſſe plus qu'on ne peut lui en payer ; que lui reste-t-il en sortant de ces asiles si commodes, si favorables en apparence ? La honte d'y avoir été méprisé, le regret de s'y être encore appauvri, & très souvent le germe des maladies que la négligence & la mal-propreté engendrent. Il ne faut qu'une nuit cherement payée pour empoisonner ses jours & quelques fois les abréger.

Quelle énorme différence en Asie ! Le riche qui y voyage, y a, à la vérité, plus de ressources ; mais il y a aussi plus d'embarras. Les commodités qu'il veut se procurer, il faut qu'il les porte avec lui. Arrivé au Caravanserai, il n'y a de plus que le pauvre, que ce qu'il y met.

La porte en est également ouverte à tous deux. Le dernier y entre sans argent : il y demeure sans inquiétude; il en sort sans regret : il y trouve tout ce que son état comporte, un abri contre les injures de l'air, & les facilités nécessaires pour sa subsistance, que la sobriété ne rend ni onéreuses, ni compliquées : il gagne donc à cet usage autant que l'autre y perd, & c'est une nouvelle preuve des égards que ces sages nations ont conservé pour le nom d'homme, puisque, malgré la distinction que l'or les a forcés de mettre entre les individus, on n'a manqué aucune des occasions imaginables de les raprocher.

C'est à cette idée de procurer du soulagement dans les voyages, à la partie du peuple qui en est nécessairement le plus dépourvue, que sont dues les fondations sans nombre en ce genre dont l'Asie est pleine ; quiconque veut s'immortaliser, n'éleve point comme chez nous de ces édifices fastueux, qui ruinent les constructeurs & illustrent un architecte aux dépens de la famille de celui qui l'employe ; il construit un Caravanserai simple & solide : il en répare un vieux qui alloit tomber : il plante des arbres ſur les routes : il établit des revenus pour y entretenir des hommes obligés par état à déſaltérer les paſſants : ainſi à l'ombre qui tempere l'ardeur de la ſoif, il joint un ſecours qui l'éteint.

C'eſt ainſi que partout dans cet autre monde, il n'y a pas d'endroit où le dernier des citoyens ne puiſſe s'appercevoir qu'il eſt quelque choſe, que l'on s'occupe de lui ; & quel eſt le lieu chez nous, où les trois quarts des hommes qui compoſent la nation, ne ſoient point pas forcés de ſe faire à eux-mêmes l'aveu humiliant qu'ils ne ſont rien ?

Il n'y a pas juſqu'à la nourriture dans ces pays fortunés, qui ne ſe reſſente de cette influence vigoureuſe de la liberté. Elle y fait pour les corps, ce que le gouvernement, les mœurs & toutes les inſtitutions morales, y font pour les ames. On n'y vit que de riz, c'eſt un des bienfaits les plus signalés de la nature, ainsi qu'un des plus sages traits de la politique, de n'y avoir jamais laissé connoître le bled.

Nous vivons de pain, nous autres Occidentaux ; notre existence dépend de cette drogue dont la corruption est le premier élément, que nous sommes obligés d'altérer par un poison pour la rendre moins mal-saine, dont l'apprêt est sujet à tant d'appareil, & qui depuis l'instant où la malheureuse graine qui en fait la base, est cachée dans le sein de la terre, jusqu'à celui où un boulanger l'étale sur sa boutique, exige les plus grands travaux, ainsi que la plus cruelle dépendance. Elle est plus meurtriere encore cent fois par les monopoles & les abus qu'elle nécessite, qu'utile par la propriété qu'elle a de servir d'aliment.

Nous croyons qu'il est impossible de s'en passer : nous avons la folie de la regarder comme la nourriture seule digne de l'homme : elle est devenue le premier objet des petits soins, des courtes vues de nos empires, & le premier besoin des êtres qui s'enorgueillissent de porter des chapeaux ; mais aussi elle est la ressource la plus sûre du despotisme, & la plus cruelle chaîne dont on ait chargé les enfants d'Adam ; pareille à ces poisons dont l'habitude mene au tombeau, & dont la privation causeroit également la mort, nous ne pouvons ni y renoncer, ni en jouir. Elle est heureusement inconnue aux trois quarts des nations : & de toutes les denrées qui empêchent qu'on ne la regrette, il n'y en a pas une qui ne lui soit préférable.

Elle est surtout bannie de l'Orient : le riz, cet aliment léger, substantiel, dont la préparation est simple, sans frais, & la reproduction toujours assurée, y vient au secours des hommes.

M. de Montesquieu a la légéreté de dire, *que tous les pays où il croît, sont sujets à de fréquentes famines* (1). Je ne sais s'il y a un trait d'aveuglement pareil à celui-là : d'abord, il n'y a pas de production qui dépende moins de l'inégalité des saisons, puisque sa nature est de croître sous l'eau, & qu'ainsi elle est à l'abri des inconvénients qui dérangent la végétation de toutes les autres plantes : ensuite, bien loin d'être la source des famines, elle devient notre recours à nous-mêmes, quand notre admirable agriculture nous manque, quand le divin froment s'évanouit de nos champs ou de nos greniers, & que les prévarications qui le font disparaître, ou les caprices de l'air qui le tuent, exposent ce qu'il y a de plus respectable dans l'humanité, c'est-à-dire le peuple à mourir de faim.

(1) L. VIII, chap. 21.

Cessons donc, cessons d'insulter à la raison & au genre humain. Malheureux galériens renfermés dans le plus infect de tous les Bagnes, gardons-nous d'outrager nos maîtres en tout genre, mettons fin à nos puériles lamentations sur le sort des Asiatiques ; tout fangeux encore de la boue des marais Septentrionaux qui ont produit nos barbares ancêtres & les fers absurdes dont ils ont enchaîné leur postérité, rougissons de vouloir apprécier des hommes que la nature elle-même a posés dans le plus délicieux pays de la terre, à qui elle a donné un soleil plus serein, un air plus pur, des sens plus vifs, des hommes enfin qui sont à tous égards, la perfection de l'espece humaine, & auxquels nous serions trop heureux de ressembler.

Fin du Tome premier.

www.ingramcontent.com/pod-product-compliance
Ingram Content Group UK Ltd.
Pitfield, Milton Keynes, MK11 3LW, UK
UKHW020558180726
13838UKWH00001B/314

9 782329 361062